LES

HOTTETERRE

ET LES

CHÉDEVILLE

CÉLÈBRES JOUEURS ET FACTEURS

DE FLUTES, HAUTBOIS, BASSONS ET MUSETTES

DES XVIIe ET XVIIIe SIÈCLES

Avec Portraits et Fac-Similés

PAR

E𝗋ɴᴇsᴛ THOINAN

PARIS

EDMOND SAGOT

LIBRAIRIE MUSICALE, RUE GUÉNÉGAUD, 18

—

1894

LES

HOTTETERRE

ET LES

CHÉDEVILLE

Tiré à 200 exemplaires
dont 100 seulement ont été livrés au commerce

Gravure de Bernard Picart considérée jusqu'ici comme le portrait de

JACQUES HOTTETERRE LE ROMAIN

LES
HOTTETERRE

ET LES

CHÉDEVILLE

CÉLÈBRES JOUEURS ET FACTEURS

DE FLUTES, HAUTBOIS, BASSONS ET MUSETTES

DES XVIIᵉ ET XVIIIᵉ SIÈCLES

Avec Portraits et Fac-Similés

PAR

Ernest THOINAN

PARIS

EDMOND SAGOT

LIBRAIRIE MUSICALE, RUE GUÉNÉGAUD, 18

1894

LES HOTTETERRE

L A famille d'artistes, dont nous essayons de retracer l'histoire, compte parmi ses membres des instrumentistes habiles ayant joui d'une certaine réputation à l'époque où ils vécurent. Non moins recommandables comme facteurs de flûtes, hautbois, bassons et musettes que comme exécutants sur ces mêmes instruments, on leur doit aussi quelques innovations heureuses, des perfectionnements mécaniques ingénieux, et des préceptes théoriques qui furent utiles dans leur temps.

Il n'est donc pas sans intérêt d'étudier la vie et les œuvres de ces artistes, d'un mérite modeste, il est vrai, mais qui, en somme, surent se faire distinguer parmi leurs confrères, et aidèrent dans la mesure de leurs moyens au progrès et à la généralisation de l'art.

Les Hotteterre étaient originaires du Diocèse d'Evreux, et c'est de la commune de La Couture-Boussey qu'ils partirent pour venir habiter Paris.

On a longtemps ignoré dans quelle province de France ils avaient vu le jour ; mais le nom, essentiellement normand, de Chédeville, porté par une famille qui s'allia avec eux, nous fit penser, dès le début de nos recherches, qu'ils étaient nés à La Couture. Ce bourg, très connu pour la bonne fabrication des instruments en bois, semblerait même devoir sa réputation aux Hotteterre, dont le nom se trouve être, jusqu'ici, le plus ancien nom de luthier cité dans les actes de la contrée [1].

La production instrumentale de La Couture-Boussey est toujours restée infiniment plus considérable que celle d'aucun autre pays et lui a valu, à juste titre, une grande renommée pour l'adresse et le *tour de main* de ses ouvriers. Cette habileté, à laquelle l'enfant était initié, sans s'en douter, dès son plus jeune âge, en rôdant près du tour de son père, en le regardant travailler, en jouant avec ses outils, se transmettait comme inconsciemment de père en fils, de génération en génération, et s'est conservée intacte pendant plusieurs siècles parmi la population de ce petit coin de la Normandie.

N'en est-il pas de même en France pour beaucoup d'industries locales ? La supériorité de la coutellerie du pays de Langres et celle de la serrurerie de Picardie, par exemple, ne s'expliquent-elles pas par les mêmes raisons que celles qui précèdent ?

A quelle époque remonte la pratique du tournage à La Couture et comment y fut-on amené à l'appliquer à la production des instruments de musique ? C'est ce à quoi il est, jusqu'à présent, impossible de répondre avec assurance, car, malheureusement, les recherches faites par nos devanciers, et les nôtres, n'ont fait découvrir aucun document sur lequel on pourrait s'appuyer avec certitude. Il est vrai que les explications ne manquent pas ; mais, hélas ! elles sont purement imaginaires, ne reposent sur rien de sérieux, si ce n'est parfois sur l'intérêt ou l'amour-propre de ceux qui les inventent.

C'est ainsi qu'on veut qu'un colporteur arrivé un jour à La Couture, sa hotte chargée de canelles et de fuseaux, s'y soit fixé et y ait fait souche de tourneurs. Si on ne dit pas qu'il portait son tour dans sa hotte, si on ne cite pas la date de ce jour mémorable non plus, on donne, toutefois, le nom de ce nomade vraiment bien inspiré.

---

[1] Ce n'est, d'ailleurs, que depuis trente-six ans environ qu'un M. Noblet, de La Couture, transporta sa fabrique d'instruments en bois tournés à quelques kilomètres de là, à Ivry-la-Bataille. Le nom sonore de cette localité, plaisant fort à quelques écrivains modernes, le leur a fait préférer à celui plus tranquille de La Couture ; ils ont délaissé celui-ci et donné à croire qu'Ivry-la-Bataille était, même dans les temps les plus reculés, le principal, sinon le seul endroit du département où se tournaient les instruments de musique en bois et à souffle.

Nous le tairons pour ne pas nous associer à la réclame qui, dit-on, se cache sous cette anecdote.

Une autre version, plus désintéressée — nous le reconnaissons — et moins vague quant à la date, raconte que ce furent les instruments de musique laissés par les soldats de la Ligue et de Henri IV sur le champ de bataille d'Ivry (1590), qui donnèrent l'idée aux habitants de La Couture de les imiter. Ce serait donc, dans ce cas, qu'ils étaient déjà tourneurs?

On invoque encore la proximité d'Anet pour en déduire que les fêtes qui s'y donnèrent purent bien avoir quelque influence sur l'établissement, à La Couture, de flûtistes et de hautboïstes venus de Paris pour ces divertissements. Mais les fêtes d'Anet n'eurent du retentissement que sous le duc de Vendôme, soit à la fin du XVIIe siècle, alors, comme nous le verrons, que la renommée des Hotteterre, *feseurs* et joueurs de ces instruments en bois et à vent, n'était plus à faire depuis longtemps.

S'il s'agit du séjour de Diane de Poitiers dans son château au milieu du XVIe siècle, on doit considérer que, préférant Chenonceaux, elle demeura fort peu à Anet ; de plus, on ignore entièrement la place faite à la musique dans sa maison, et, par conséquent, l'influence que les musiciens de la belle châtelaine d'Anet, si toutefois elle en eut, purent bien avoir sur les destinées de La Couture.

N'est-il pas plus simple de s'en tenir à ce que nous savons positivement, c'est-à-dire, à la présence à Paris, dans la première moitié du XVIIe siècle, d'artistes sûrement originaires de La Couture, qui acquirent, dans la capitale, une certaine notoriété aussi bien comme facteurs que comme exécutants ? Ceci ne donne-t-il pas à penser que leur art était particulièrement cultivé dans le pays d'où ils venaient, et cela depuis un certain temps ? Il paraît donc hors de doute que, dès le XVIe siècle, sinon même avant, on tournait des instruments de musique à La Couture, et, de plus, qu'on y jouait avec talent de la flûte, du hautbois, du flageolet et de la musette [1].

Ces premiers artistes, venus à Paris, dont nous parlons, furent les Hotteterre, sur

---

[1] Les faiseurs d'instruments à vent en bois semblent les seuls qui se soient distingués comme virtuoses sur les instruments qu'ils fabriquaient. On ne cite pas un luthier qui soit devenu habile violoniste ou violoncelliste !

le pays d'origine desquels une pièce judiciaire, obligeamment indiquée comme existant aux Archives Nationales par notre ami, M. Nuitter, nous prouva que nos prévisions étaient justes. Une fois ce point de départ bien établi, des recherches minutieuses faites à La Couture-Boussey et aux environs ne tardèrent pas à désigner cette localité comme le vrai berceau des Hotteterre.

On y montre une maison qui porte toujours leur nom, et, à peu de distance du bourg, près d'un bois taillis, dans un endroit appelé Triège de la Fieffe, il existe une mare à peu près à sec toute l'année, qu'on nomme encore à présent : *la Mare Hotteterre*. Ne doit-on pas croire qu'un autre membre de cette famille y eut près de là, lui aussi, sa maison aujourd'hui détruite ?

M. Alfred Hérouard, ancien maire de La Couture, et dont la bisaïeule était une demoiselle Hotteterre, a bien voulu consulter pour nous les actes de l'état civil ; M. Mauger, propriétaire par héritage de la maison connue sous leur nom, dont les ancêtres s'allièrent maintes fois avec les Hotteterre de diverses branches et qui exerce avec talent la même profession que ses parents, possède quelques papiers de famille qu'il a très généreusement mis à notre disposition. Lui et M. Alfred Hérouard se sont particulièrement distingués par leur esprit d'investigation et leur persévérance : nous leur devons des notes excellentes sans lesquelles nous aurions dû laisser dans l'obscurité nombre de faits intéressants. Que ces messieurs nous permettent de les remercier ici bien sincèrement de leur bienveillant et très précieux concours [1].

Il nous est impossible de déterminer l'époque à laquelle le premier des Hotte-

---

[1] Nous ne saurions oublier M. Paul Lemaître, de La Couture, et M. Hugret, de Pacy-sur-Eure, qui se sont empressés très courtoisement de s'associer à notre enquête ; nous les prions, eux aussi, de recevoir nos plus vifs remerciements.

Pendant ces recherches, M. J. Carlez de Caen publia une notice sur la famille des Hotteterre, et il y signalait une découverte qu'il avait faite à la bibliothèque de Caen, dans un manuscrit du Père Martin, l'*Athenæ Normanorum*. Cet auteur, en parlant de la *Méthode de Flûte* de Hotteterre le Romain, donnait à celui-ci la qualification d'*Ebroïcensis*, qu'il faudrait traduire d'après ce qui précède par *natif du pays d'Evreux*. Mais comme Hotteterre le Romain, dont le grand-père et le père habitèrent Paris, naquit vraisemblablement dans cette ville, l'exactitude ne voudrait-elle pas qu'on étendît encore la signification du mot *Ebroïcensis* en lui faisant dire ici : *Appartenant à une famille originaire du pays d'Evreux* ?

terre connu quitta son pays pour venir se fixer à Paris. Le Père Mersenne ne cite pas leur nom parmi ceux des instrumentistes renommés à la date où il imprimait son *Harmonie universelle*, en 1636, et ce n'est que dans les *Mémoires* de l'abbé de Marolles, publiés en 1656, qu'il nous apparaît pour la première fois. Suivant cet auteur, les dilettantes, ses contemporains, « estoient ravis de la Poche et du violon de Constantin et de Bocan, de la viole d'Otman et de Maugars, de la musette de Poitevin, de la flûte douce de La Pierre et du flageolet d'*Otteterre* [1]. »

MAISON HOTTETERRE A LA COUTURE-BOUSSEY

L'année d'après, le livret du ballet de l'*Amour malade*, dansé chez le roi, le 17 janvier 1657, désigne, au nombre des symphonistes, les sieurs *Obterre le père*, *Obterre fils aîné*, *Obterre le cadet*. Ces artistes, ainsi que plusieurs autres membres de leur famille, figurent ensuite comme instrumentistes dans presque tous les ballets dansés à la Cour, de même que dans les comédies de Molière, jouées devant le roi avec une mise en scène spéciale, mêlée de danse et surtout de musique

---

[1] L'orthographe du nom de nos musiciens est excessivement variée dans les écrits du temps ; on écrivait indifféremment Obterre, Opterre, Hauterre, Hauteterre, etc. La véritable orthographe est bien Hotteterre.

composée par Lully. Ainsi les trois frères, Jean II, Nicolas Ier et Martin jouèrent dans les *Amours déguisés,* en 1664 ; les uns ou les autres le firent encore dans les pièces de Molière qui suivirent, notamment dans *Psyché,* à l'exception cependant de Jean II, mort en 1669. Nicolas I, Martin, et avec eux Louis I et Nicolas II, dit Colin, firent leur partie dans les intermèdes de musique de cette pièce.

Mais avant d'entrer davantage dans l'histoire de ces musiciens, il est utile d'établir leurs différents degrés de parenté entre eux et de faire connaître les raisons d'après lesquelles nous avons dressé le tableau généalogique ci contre. On verra, du reste, que nous n'affirmons rien qui ne soit appuyé sur des preuves certaines et que nous laissons dans le doute les rares points sur lesquels nous n'avons pu faire la clarté.

Jacques Hotteterre, dit le Romain, déclare dans sa *Méthode de Musette* qu'il était fils de Martin et petit-fils de Jean ; de plus, il dit encore qu'il eut un frère portant le même nom de Jean.

Nous voyons ensuite deux Jean Hotteterre, musiciens de la Cour vers 1666, l'un comme Hautbois du Poitou, Jean I, et l'autre comme Basson, dit *Jean le Jeune,* pour le distinguer de son père.

Un brevet du roi établit qu'un troisième Jean, fils de Nicolas I, succéda, en 1669, à son oncle Jean, dit le Jeune, récemment décédé ; ce qui démontre que Nicolas était frère de Jean le Jeune.

La fraternité de Louis Ier et de Nicolas II, dit Colin, est prouvée par une inscription qui se trouve dans l'église de La Couture et dont nous parlerons plus tard.

C'est une fille de Nicolas Ier et de sa femme Anne Mauger, qui épousa un nommé Claude Coricon et dont une des filles, Anne Coricon, mariée avec un Chédeville, eut de ce mariage trois fils désignés dans leurs nominations de musiciens de la Cour comme neveux de Louis I et de Nicolas II, dit Colin. Ceux-ci, par conséquent, doivent d'autant plus être considérés comme les fils de Nicolas Ier que l'un d'eux, Colin, fit son testament en faveur d'Anne Coricon, femme Chédeville, et qu'il l'y appelait sa nièce ; il l'obligeait aussi à verser annuellement, à l'église de La Couture, la somme de vingt-quatre livres pour qu'il y fût dit des prières « pour Nicolas, Hautbois du roy, pour Anne Mauger, *sa mère,* et pour lui. »

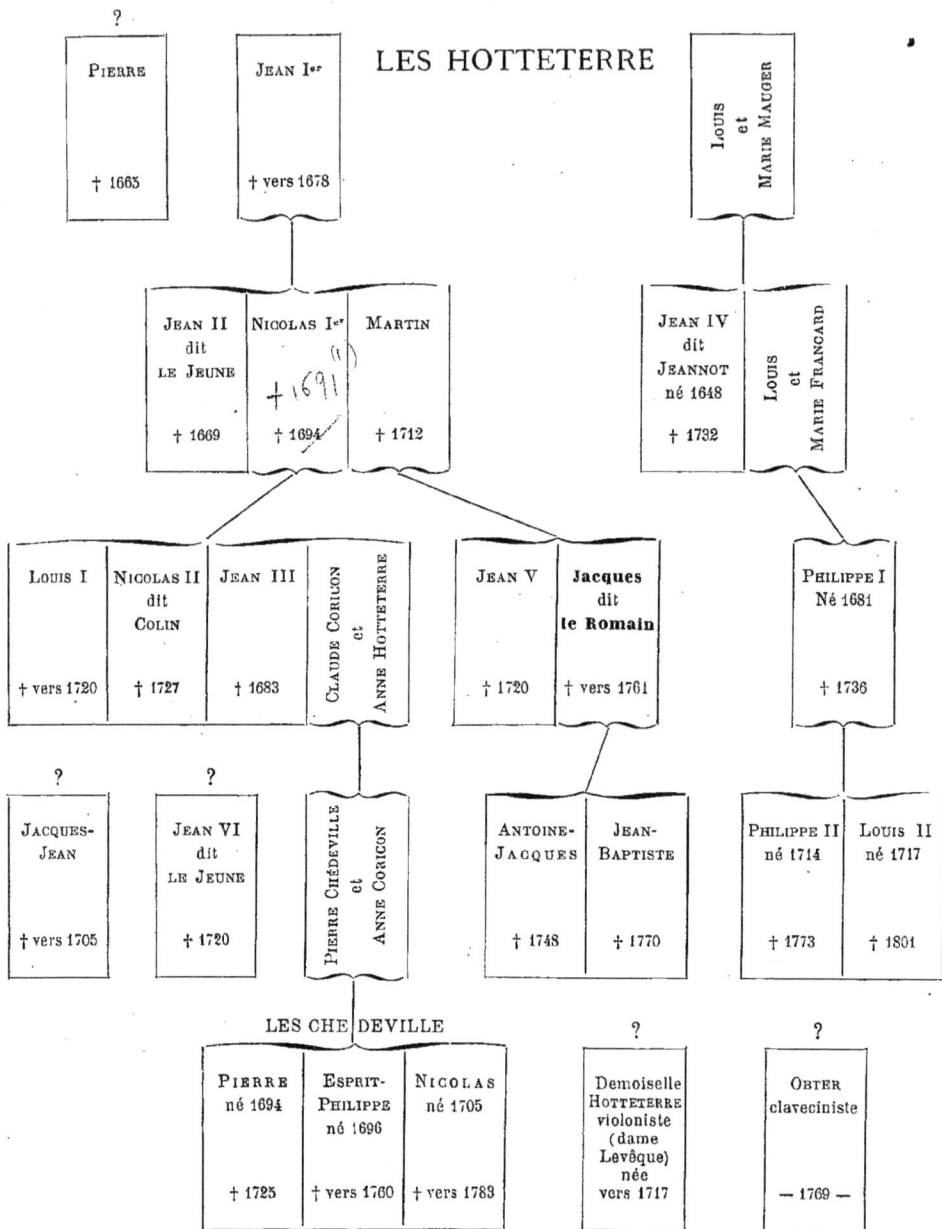

LES HOTTETERRE

? PIERRE † 1665	JEAN Ier † vers 1678			LOUIS et MARIE MAUGER

JEAN II dit LE JEUNE † 1669	NICOLAS Ier † 1691 † 1694	MARTIN † 1712		JEAN IV dit JEANNOT né 1648 † 1732	LOUIS et MARIE FRANCARD

LOUIS I † vers 1720	NICOLAS II dit COLIN † 1727	JEAN III † 1683	CLAUDE CORICON et ANNE HOTTETERRE	JEAN V † 1720	**Jacques** dit **le Romain** † vers 1761	PHILIPPE I Né 1681 † 1736

? JACQUES-JEAN † vers 1705	? JEAN VI dit LE JEUNE † 1720	PIERRE CHÉDEVILLE et ANNE CORICON	ANTOINE-JACQUES † 1748	JEAN-BAPTISTE † 1770	PHILIPPE II né 1714 † 1773	LOUIS II né 1717 † 1801

LES CHEDEVILLE

PIERRE né 1694 † 1725	ESPRIT-PHILIPPE né 1696 † vers 1760	NICOLAS né 1705 † vers 1783	? Demoiselle HOTTETERRE violoniste (dame Levêque) née vers 1717	? OBTER claveciniste — 1769 —

Enfin, Antoine-Jacques et Jean-Baptiste figurent à plusieurs reprises dans les registres du secrétariat de la maison du roi comme fils de Jacques Hotteterre, dit le Romain.

Il ne nous a pas été possible d'établir les parentés et filiations de Pierre, de Jacques-Jean et de Jean VI ; d'une demoiselle Hotteterre violoniste et d'un Obter claveciniste. Ils devront donc rester dans notre tableau sans attache avec les autres membres de la famille jusqu'au jour où de nouvelles découvertes feront connaître à quelle branche des Hotteterre ils appartenaient.

Quant au nom de Henri, donné au père des Hotteterre par Fétis, il n'a été porté, que nous sachions, par aucun des membres de cette famille ; ni par ceux de Paris, ni par ceux de La Couture, d'Ivry, d'Anet, de Boncourt et de tous les pays environnants, alors, cependant, qu'il nous est passé sous les yeux près de cent actes civils de Hotteterre.

La mort de ce soi-disant Henri Hotteterre, survenue à Saint-Germain-en-Laye en 1683, est encore une de ces assertions gratuites comme Fétis en a tant avancées dans ses gros écrits. Les registres des décès de Saint-Germain ne font aucune mention d'un Hotteterre quelconque de 1680 à 1692, ainsi que nous l'écrivait, en janvier 1878, M. Béquet, chef de l'état civil de cette ville, qui fit pour nous, à cette époque, les recherches les plus minutieuses. D'ailleurs, Fétis est toujours si inexact dans le peu qu'il dit des Hotteterre, qu'il n'y a réellement pas lieu de s'arrêter à ce nom de Henri ; c'est la moindre des erreurs qu'il ait commises à l'égard de ces musiciens, ainsi que notre travail le prouvera surabondamment.

Les Hotteterre de Paris ne furent pas les seuls membres de cette famille qui se consacrèrent à la facture des instruments en bois, car plusieurs d'entre eux restés au pays y exercèrent la profession de tourneurs pour flûtes, hautbois et musettes. Ils jouaient peut-être aussi de ces instruments, mais aucun d'eux ne réussit à acquérir autant de célébrité que leurs parents devenus parisiens, et qui, tous, à l'exception d'un seul, Pierre, firent partie de la musique du roi.

BIOGRAPHIES DES HOTTETERRE

ASCENDANCES INCONNUES

PIERRE

Cet artiste ne nous est connu que par son acte mortuaire extrait des registres de Saint-Sulpice : « Ledit jour (20 septembre 1665), convoy et enterrement de Pierre Obterre, joueur d'instrumens, pris rue Sainte-Marguerite, proche la Boucherie [1]. »

Nous sommes sans aucun indice permettant de faire la moindre conjecture raisonnable à l'égard de son degré de parenté avec les autres Hotteterre. Il faut croire que Pierre n'appartenait pas à la musique du roi, car il ne figure dans aucun des registres de la Cour, que nous avons consultés ; d'ailleurs, ne lui eût-on pas donné cette qualité, dans son acte mortuaire, s'il l'eût possédée, ainsi qu'on le faisait toujours ?

---

[1] *Actes d'état civil d'Artistes, Musiciens et Comédiens extraits des registres de l'Hôtel de Ville de Paris, détruits dans l'incendie du 24 mai 1871.* Orléans, Herluison, 1876, in-8°. Le boulevard Saint-Germain passe aujourd'hui sur l'emplacement de la rue Sainte-Marguerite qui longeait Saint-Germain-des-Prés.

JEAN IER

La carrière de Jean, premier du nom, nous est un peu plus connue. Nous le voyons nommé pour la première fois avec ses deux fils, l'aîné et le cadet, parmi les exécutants des ballets dansés à la cour, *l'Amour malade* (1657) et *Alcidiane* (1658). Tous les trois figurent à côté de Pierre Piesche, François Descôteaux, Jean Destouches et Jean Brunet, fameux joueurs de flûte, hautbois et musette du temps. Mais comme les livrets de ces sortes de divertissements ne donnent pas toujours les noms des instrumentistes qui y jouèrent, on peut croire que le père Hotteterre et ses fils avaient déjà fait leur partie dans les ballets dansés les années précédentes, ainsi qu'ils continuèrent à le faire, dans les *Noces de Village* (1663) et dans d'autres ballets où ils figurent sous la dénomination « des quatre Opterres, » soit le père et ses fils Jean, Nicolas et Martin.

Jean Ier, comme musicien de la Cour, appartenait à la musique de la Grande Ecurie ; il jouait le dessus dans la petite bande des Hautbois et Musettes du Poitou et avait succédé à Pierre Savin, vers 1650.

Pendant le XVIe siècle il n'y avait à la Cour qu'une seule bande de Hautbois, composée de douze membres qu'on appelait *les Hautbois, Saqueboutes, Violes et Cornets ;* mais à partir du commencement du XVIIe siècle on lui adjoignit celle des *Hautbois et Musettes du Poitou*, laquelle ne compta d'abord que quatre membres, puis six par la suite.

La famille de ces instruments du Poitou était formée du dessus, de la taille, de la basse et de la musette ou cornemuse, laquelle jouait à l'unisson du dessus [1]. Ces sortes de hautbois différaient surtout du hautbois et du basson ordinaires par leur embouchure. Ainsi, au lieu de poser entre les lèvres une anche à nu avec ou sans pirouette, comme pour ces derniers instruments, on renfermait l'anche des hautbois du Poitou dans une boîte ou capsule et le son se produisait en soufflant par une fente aux bords intérieurs de laquelle l'anche touchait. L'embouchure des Cromornes étant identique à celle de ces instruments du Poitou, nous avons prié M. Mahillon, le savant Conservateur du Musée instrumental de Bruxelles, de vouloir bien essayer pour nous les cromornes dont cet établissement possède une famille complète, et voici les réflexions qu'il nous a obligeamment communiquées :

Lorsque, dans les instruments à anche, celle-ci est recouverte d'une capsule, le nombre des sons que les instruments peuvent produire ne dépasse jamais le nombre de trous latéraux dont ils sont percés : généralement, leur étendue est d'une neuvième (sept trous, une clef, et le son du pavillon). Lorsque le tuyau est conique, le timbre générique est celui du hautbois, mais plus rude et plus sauvage, puisque l'instrumentiste n'a pas la faculté de modifier ces défauts naturels par la pression des lèvres. Lorsque le tuyau est cylindrique, le timbre est creux. On peut s'en faire une idée par le son que produit un mauvais clarinettiste lâchant l'anche.

De même que les autres bandes d'instrumentistes faisant partie de la musique de la Cour, soit les *Grands Hautbois, les Cromornes et Trompettes-marines, les Fifres et Tambours* et les *Trompettes,* celle des *Hautbois et Musettes du Poitou* se conserva à la cour à peu près jusqu'à la fin de la monarchie. Mais cette désignation n'était plus que purement nominale pendant le XVIIIe siècle, attendu que si les titulaires de ces charges continuaient à être ainsi appelés sur les états de la maison du roi et dans leurs brevets, ils avaient depuis longtemps délaissé ces instruments surannés. Ils ne jouaient que du hautbois ordinaire, tel qu'il avait été successivement perfectionné, et de la musette à soufflet.

Dans tous les cas, à la date qui nous occupe, c'est-à-dire du temps de Jean Ier Hotteterre, les *Hautbois et Musettes du Poitou* figuraient dans les divertissements de la cour et formaient un des appoints de l'orchestration d'alors. Cependant, d'après quelques indications notées sur les livrets des ballets du roi, il est certain que le rôle

---

[1] Kastner s'est trompé en disant que la Cornemuse du Poitou avait pour dessus le hautbois du même nom. Le Père Mersenne dit formellement que le dessus du hautbois et la musette du Poitou jouaient à l'unisson ; de plus, il en donne un exemple noté.

de notre artiste, comme celui de ses confrères, ne se bornait pas exclusivement au jeu des instruments dits du Poitou. Suivant les circonstances, ces musiciens prêtaient encore leur concours en jouant d'autres instruments à vent. Jean Hotteterre embouchait aussi bien la flûte que le hautbois et même le flageolet, ce qui impliquerait que c'est peut-être lui que Marolles a placé à côté des célébrités musicales dont il fait l'éloge, en vantant son talent sur ce dernier instrument.

Mais son mérite comme exécutant n'est pas le seul qu'on doive lui reconnaître; il faut encore lui tenir compte de sa grande habileté comme facteur de tous les instruments dont il jouait. Sa réputation était, en effet, très grande, et la preuve nous en a été conservée par son contemporain Borjon, homme fort en droit et en jurisprudence, et, de plus, d'une adresse rare à faire dans le vélin d'ingénieuses découpures, que Louis XIV, auquel il en faisait hommage, appréciait assez pour les garder précieusement [1]. Il était surtout amateur enthousiaste et convaincu de la musette, et cela au point de s'en faire l'historien et le législateur.

Le père, dit-il, en parlant de Jean Ier, est un homme unique pour la construction de toutes sortes d'instruments de bois, d'yvoire et d'ébeine, comme sont les musettes, flustes, flageolets, haubois, cro-

mornes : et mesme pour faire des accords parfaits de tous ces mesmes instrumens [1].

Naturellement, Borjon désigne ici par « accords parfaits » les instruments de diverses grandeurs qui composaient une même famille, celles des Flûtes, des Hautbois ordinaires ou du Poitou, et des Cromornes.

Jean Hotteterre apporta aussi quelques perfectionnements dans le bourdon de la musette; c'est son petit-fils, Jacques, dit le Romain, qui nous l'apprend en donnant à croire, sans toutefois s'expliquer d'une façon précise, que ces changements consistaient principalement dans la simplification des tons qui composaient ce bourdon [2].

Le Conservatoire de Paris possède deux instruments portant le nom de Hotteterre : une basse de flûte à bec sur laquelle le nom avec une ancre sont gravés au fer rouge et une quinte de flûte de 69 centimètres, aussi à bec, où la marque qui

Basse de flûte.

---

[1] Un Roberday qui, je crois, était le frère de Roberday, organiste et valet de chambre des reines Anne d'Autriche et Marie-Thérèse, excellait dans ces sortes de découpures. J'ai vu chez M. le baron J. Pichon un volume offert par Roberday à Louis XIV, et que celui-ci, en amateur passionné, avait fait soigneusement relier avec cercles, fermoirs et plaques d'argent. Chaque page de texte et d'ornements entièrement découpés était interfoliée par une page noire sur laquelle se détachaient les lettres et les dessins à jour.

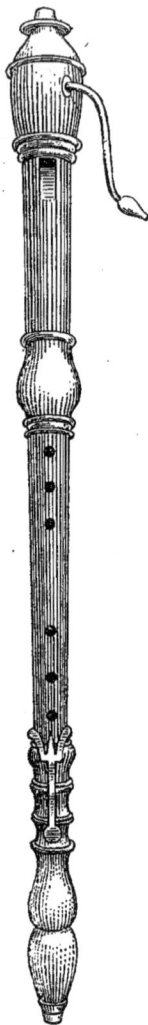

[1] *Traité de la Musette, avec une nouvelle méthode pour apprendre de soy-mesme à jouer de cet instrument facilement et en peu de temps.* Lyon, 1672, in-f°.
[2] *Méthode pour la Musette*, etc., par Hotteterre le Romain. Paris, 1737, in-4°, chap. XVI.

3

accompagne le nom est trop ef-
facée pour qu'on puisse dire ce
qu'elle représentait.

Nous possédons, de notre côté,
une flûte à bec de 69 centimètres
également, signée sur les trois
tronçons : *Hauterre*, avec une
petite fleur de lis au-dessous ; le
tronçon du pavillon porte une
quatrième marque : *Hotteterre*, et
toujours la fleur de lis.

HAUTERRE   HOTTETERRE

Comme presque tous les Hotteterre, ceux de Paris ou ceux
restés au pays, furent plus ou
moins facteurs d'instruments à
vent et en bois, il serait incon-
sidéré, en l'absence d'une donnée
positive à l'égard de cette ancre
et de cette fleur de lis, d'attribuer la construction des instruments qui en portent les em-
preintes à l un ou à l'autre de
nos artistes. Cependant, une

Flûte à bec
de 69 cent.

flûte traversière possédée par
M. Snoeck, de Gand, et entièrement semblable à celle de la méthode de
Hotteterre le Romain, étant marquée d'une
ancre, on peut se demander si cette mar-
que n'était pas celle de Jean Ier dont son
fils Martin d'abord, puis plus tard son petit-fils Jacques auraient hérité ? Quoi qu'il
en soit, il faut, suivant nous, rester indé-
cis jusqu'à plus amples découvertes, et les
Hotteterre devront bénéficier en masse de
la paternité des deux flûtes du Conservatoire, de celle de M. Snoeck et de la nôtre.

Nous parlerons, à l'article Nicolas, d'une
cinquième flûte Hotteterre connue, marquée
celle-ci de la lettre N, ce qui circonscrit le
choix à faire pour en décider l'auteur.

Jean Ier paraît avoir joui de quelque ai-
sance, car il possédait une maison avec un
jardin et vignes, situés au village de Chennevière sur Marne, qu'il vendit, le 6 février
1661, à Jacques Allard, conseiller du roi,
maison et couronne de France et de ses finances, trésorier général au bureau des
finances d'Alençon, qui habitait Paris. Cette
vente, faite moyennant le prix de cinq mille
livres tournois y compris « meubles et us-
tencils », fut acquittée le 12 mars 1662, et
l'acte conservé aux Archives de l'Opéra, où
se voit le nom de sa femme Marguerite
de la Lande, d'une famille des environs de
La Couture, nous indique qu'il demeurait
à cette époque rue Neuve-Saint-Louis, paroisse Saint-Barthélemy, devant la petite
porte du Palais [1]. On y voit aussi sa signature dont voici le fac-similé :

Est-ce lui qui acheta en viager, le 16 avril
1664, « une maison, lieu et masure » situés
à La Couture, donnant sur une rue et sur
le chemin conduisant à Ivry ? C'est très sup-
posable, puisque portant son même nom de
baptême, il n'y a que son fils Jean II, dit le
Jeune, qui pourrait lui être opposé, alors
qu'il n'est guère probable que celui-ci ait

---

[1] Son fils Martin, nous le verrons, demeura tout
près, rue de Harlay, au Palais, dans une maison qui
paraît lui avoir appartenu.

songé, au début de sa carrière, à acheter une propriété si éloignée de Paris, tandis que son père, déjà d'un certain âge, put très bien, nourrissant le projet de se retirer dans son pays natal, faire cette acquisition. (Acte communiqué par M. Mauger.)

Jean Ier Hotteterre figure encore sur l'état de la Cour de 1666, comme exerçant sa charge ; l'état de 1667 nous manque, mais sur celui de 1668, son nom n'y est plus et on voit que c'est son fils Martin qui lui avait succédé comme *Dessus de Hautbois du Poitou*. Il se retira donc simplement alors, car Borjon parle de lui comme existant toujours à l'apparition de son livre en 1672, et nous savons, de plus, qu'il assista à Boncourt, près de La Couture, le 21 septembre 1676, aux noces de Jean Becquet avec Anne de la Lande, sa nièce par sa femme. La signature qu'il apposa sur le registre des mariages de Boncourt est semblable à celle qui figure au bas de l'acte de vente de sa propriété de Chennevière.

Jean Ier, chef de la branche des Hotteterre qui a fourni le plus d'artistes à la musique, fut lui-même musicien de talent ; un de ses fils, Martin, se distingua comme facteur ingénieux et très bon musettiste ; le fils de celui-ci, et, par conséquent, petit-fils de Jean Ier, Jacques, dit le Romain, professeur émérite, virtuose applaudi, compositeur et auteur de livres didactiques estimés, fut certainement le plus capable de la famille ; enfin, Jean Ier, trisaïeul des Chédeville, fit donc encore honneur à la musique dans sa quatrième génération.

LES FILS DE JEAN Ier

JEAN II, DIT LE JEUNE [1]

Jean II fut employé comme instrumentiste dans les divertissements de la Cour avant d'être titulaire d'une charge ; il faisait sa partie à côté de son père et de ses frères ;

[1] Nous présentons, ici, Jean II, sans affirmer toutefois qu'il fût véritablement l'aîné de Nicolas et de Martin, et quoique nous n'agissions pas à cet égard d'une façon purement arbitraire, nous n'en reconnaissons pas moins que les raisons qui nous font ainsi le placer avant ses frères n'ont qu'une valeur hypothétique ; ce qui revient à dire qu'il n'y aurait rien d'impossible à ce qu'une découverte future le privât du droit d'aînesse dont nous l'avons gratifié. Le doute est, d'ailleurs, sans grande importance, et c'est parce que nous tenons à rester dans l'exactitude la plus scrupuleuse que nous le mentionnons.

ces derniers, pas plus que lui, n'appartenaient alors officiellement à aucun des corps de la musique du roi. Nous voulons parler des représentations qui eurent lieu de 1657 (ou même avant) à 1663, et dans lesquelles les trois frères figurèrent comme joueurs de flûtes et hautbois à côté de leur père.

Nous avons l'état complet de la musique du roi, en 1661 ; le père seul y est cité, tandis qu'aucun de ses fils n'y est nommé. Jean II fut sans doute reçu en 1662 ou en 1663 ; c'est toutefois ce que nous n'avons pu vérifier, ces années-là manquant aux Archives, mais il est certain qu'en 1664 il toucha comme l'un des *vingt-cinq* violons de la Chambre du roi la somme de 365 livres, montant de ses gages de l'année [1]. Il paraît singulier de le voir, lui joueur d'instruments à vent, figurer parmi la bande spéciale des violons; nous constatons en effet le fait sans essayer de l'expliquer et nous nous bornerons à faire remarquer que son confrère Hilaire Robeau, qui appartenait à la bande des hautbois de l'Écurie comme Dessus de cornet et Basse de violon en même temps que lui, figurait aussi parmi les vingt-cinq violons de la Chambre.

Deux comptes, l'un de 1666 et l'autre de 1668 [2], indiquent que notre musicien faisait partie de la bande des Grands hautbois de la Grande Écurie comme *Basse de Hautbois et Taille de Violon* [3], ayant succédé à Elie Charles James. On l'y désigne sous le nom de Jean Hotteterre le Jeune, pour le distinguer de son père évidemment.

Jean II ne jouait pas seulement du Basson et peut-être du Violon; il était encore habile sur le Hautbois, la Musette et la Flûte. C'est ce dernier instrument qu'il jouait dans le *Ballet des Muses* (1666), *le Carnaval* (1668), et dans *George Dandin*, intermède de *la Fête de Versailles* de la même année.

Sans indications précises à l'égard de ses travaux de tourneur, on doit croire cependant que, comme son père et ses frères, il fut aussi, lui, facteur d'instruments à vent et en bois.

Jean II mourut en 1669, au mois de février ou de mars, vraisemblablement, car sa place fut donnée à son neveu, Jean III, fils de Nicolas I, par un brevet du roi daté du 15 mars [1]; on sait en effet que les places à la Cour, quand elles n'étaient pas assurées à l'avance par un brevet de survivance, ce qui arrivait le plus souvent, ne restaient pas longtemps vacantes, et qu'après un décès le remplaçant était vite nommé.

---

[1] Archives Nationales : KK, 213. Guillaume Dumanoir, à son avènement au trône violonique, avait cédé sa charge de l'un des vingt-quatre violons de la Chambre; mais Louis XIV, ne voulant pas qu'il quittât son service, créa, pour lui, une vingt-cinquième place de violon qui devait s'éteindre avec lui.

[2] Archives Nationales : Z 1 A, 488.

[3] Chaque membre de la bande royale des hautbois, à sa formation sous François Ier, devait aussi jouer de la viole, et était désigné sous les noms des deux parties qu'il jouait dans les exécutions à la Cour. Plus tard, le violon remplaça la viole; puis, quand la bande spéciale des violons fut créée, sous Henri III, croit-on, les hautbois n'eurent plus à jouer que de cet instrument. Malgré cela, leurs brevets continuèrent à porter, même jusque dans le

XVIIIe siècle, le qualificatif de *Hautbois et Violon* du Roi, avec la désignation des parties qui avaient été celles que remplissait le premier titulaire de la charge. Cette classification des Hautbois parmi les officiers de la Grande Écurie, une des divisions de la maison du roi placée sous la direction du Grand Écuyer de France, s'explique suffisamment par la plus grande partie du service qu'on leur demandait dans l'origine et qui consistait à jouer dans les revues et parades militaires, dans les carrousels et cérémonies au grand air auxquels le roi assistait. Le concours qu'ils apportèrent plus tard, en dehors de ces solennités militaires, aux ballets et représentations théâtrales de la Cour se trouvait être, pour ainsi dire, un supplément d'attributions.

[1] Archives Nationales : O, 13.

NICOLAS Iᴱᴿ

Il ne peut y avoir de doute à l'égard de Nicolas sur sa participation dans les Ballets du roi, comme joueur de hautbois, flûte et musette, à partir, au moins, de 1657. Il était certainement l'un des deux fils de Jean I, indiqués sur les livrets par *fils aîné et cadet* ou par *les deux frères Hobterre*, jusqu'en 1660, époque à laquelle on le désignait par son nom de baptême imprimé en toutes lettres.

Reçu dans la bande des Hautbois de la Grande Ecurie, entre les années 1662 et 1666, c'est à François Viau qu'il succéda avec le titre de Dessus de Hautbois et Haute-contre de Violon. Ainsi que tous les membres de sa famille, il jouait indistinctement du hautbois, du basson, de la flûte et de la musette ; aussi son nom se trouve-t-il constamment mêlé à ceux des musiciens de la Cour.

En tant que facteur d'instruments, il n'est que juste de lui donner sa part dans l'opinion que Borjon avait des fils de Jean I quand il dit d'eux « qu'ils se sont rendus les plus recommandables dans ce royaume par leurs compositions et leur jeu et par leur adresse à faire des musettes. » Nous le savons aussi, la réputation des Hotteterre n'était pas moindre pour la construction des flûtes, bassons et hautbois que pour celle de l'instrument favori de l'amateur lyonnais. Il nous a été parlé d'une flûte à bec qui fait partie de la précieuse collection de M. Petit, de Blois, flûte pareille à celle du Conservatoire de Paris et à la nôtre, mais marquée différemment. Le nom de Hotteterre est surmonté de la lettre N au-dessus de laquelle se trouve une étoile à six branches, le tout frappé au fer rouge. Evidemment cet instrument ne peut avoir été tourné que par Nicolas I ou par Nicolas II, dit Colin.

☆
N
·HOTTETERRE

Indépendamment de sa place comme Hautbois de la Grande Ecurie, notre musicien remplit encore, à la Chapelle royale, où il avait été reçu en 1668, l'emploi de Basson, ayant pour voisins de pupitre les deux frères Jacques et André Philidor, Basson et Basse de Cromorne.

Nicolas I, qui était né à La Couture, y mourut en juillet 1694 ; sa place dans la bande des Grands Hautbois fut accordée à Jean Hannès Desjardins, appartenant à une famille de hautboïstes, presque aussi nombreuse que celles des Hotteterre et des Philidor, et ce fut Joseph Marchand, Basse de violon, qui le remplaça à la Chapelle.

Fétis affirme que Nicolas Hotteterre avait laissé en manuscrit un *Recueil de bransles, petits ballets, courantes de cour et de ville et autres hautes et basses danses pour six parties à jouer sur les dessus et basses de violon et hautbois.* « Ce recueil autographe, ajoute-t-il, a passé de la bibliothèque de Perne dans la mienne. » Comment se fait-il alors que ce volume ne se trouve pas dans sa collection achetée par le gouvernement belge ? Le catalogue n'en fait pas plus mention que des deux volumes manuscrits de Boisgelou, *passés,* eux aussi, d'après Fétis, de chez Perne chez lui. Cousu ! Boisjelou ! Nicolas Hotteterre ! etc., etc. ! L'ex-bibliothécaire du Conservatoire de Paris n'abusa-t-il pas un peu trop de la bibliothèque de Perne ?

Enfin, pour le moment, on ne sait ce qu'est devenu le Recueil de Nicolas Hotteterre et on doit le regretter, car il renfermait, sans aucun doute, des compositions des divers membres de la famille, compositions qui, au dire de Borjon, leur faisaient autant d'honneur que leur habileté d'exécution.

Nicolas Iᵉʳ, marié avec Anne Mauger [1], eut plusieurs enfants qui se vouèrent à la musique : Louis Iᵉʳ, Nicolas II, dit Colin, et

Jean III, celui qui succéda à son oncle Jean II, en 1669. Une de ses filles épousa Claude Coricon et, de cette union, naquit Anne Coricon, qui, mariée avec Pierre Chédeville, donna le jour aux trois joueurs de musette, Pierre, Esprit-Philippe et Nicolas Chédeville, dont les succès devaient grandement honorer la mémoire de leur bisaïeul.

En 1660, Nicolas Iᵉʳ habitait à Paris, dans la paroisse Saint-Médéric (Saint-Merry) ; mais en 1671, lorsqu'il tint sur les fonts baptismaux de Boncourt un de ses petits-fils, Nicolas Coricon, il disait demeurer sur la paroisse Saint-André-des-Arcs. Un peu plus tard, on le qualifie de bourgeois de Paris habitant la rue Dauphine, dans un acte de 1673. Il signa comme ci-après le registre de Boncourt :

---

[1] Elle mourut à La Couture, en août 1700, âgée de quatre-vingts ans environ.

MARTIN

Cet artiste est un des Hotteterre qui firent le plus d'honneur à la famille. Nous trouvons son nom mentionné pour la première fois à la représentation de *Serse,* de Cavalli, donnée en 1660, pour les fêtes du mariage de Louis XIV. Depuis cette date, il n'y eut guère de fêtes à la Cour sans qu'il y concourût à côté de ses parents, des Philidor, des Piesche, de Philbert et des Descôteaux père et fils, jouant, suivant les besoins du service, de la flûte, du hautbois ou de la musette.

Il succéda, vers 1664, à Martin Toussaint, qui avait la place de Haute-contre de hautbois et Haute-contre de violon dans la bande des Grands hautbois ; mais, on s'en souvient, son père Jean Iᵉʳ ayant pris sa retraite vers 1667, il le remplaça en jouant le dessus dans la bande des Hautbois de Poitou, et céda sa charge dans les Grands hautbois à son neveu Nicolas II, dit Colin.

Martin Hotteterre eut à soutenir un assez triste procès contre une nommée Françoise Angrol qu'il avait recherchée en mariage. Il en appela, en 1666, d'une sentence rendue contre lui, le 2 septembre 1664, par l'Official de la ville de Paris, en réclamant la restitution de 25 louis d'or, d'une bourse de point d'Espagne, d'un diamant de dix louis d'or et de 200 livres pour dépenses diverses, tandis que son adversaire lui reprochait des assertions calomnieuses. Nous n'avons pu avoir connaissance de la manière dont cette malheureuse affaire se termina, mais nous savons que Martin épousa plus tard une demoiselle Marie Crespy [1].

Il a été dit que notre musicien, comme ses parents, jouait généralement de tous les instruments à vent et en bois; il tournait aussi les uns et les autres avec l'habileté qui était l'apanage de sa famille, mais c'est la Musette qu'il cultiva plus particulièrement et à laquelle il donna tous ses soins. Il en acquit une renommée incontestable par la façon brillante dont il en jouait, tout autant que par les perfectionnements importants et presque définitifs qu'il apporta dans sa construction.

Le son de cet instrument plaisait singulièrement à nos aïeux; aussi, à partir de la fin du XVe siècle, y eut-il toujours à la Cour des joueurs de musette. S'ils n'arrivèrent pas au même degré de faveur et à la renommée de certains joueurs de luth que nos souverains écoutaient plus volontiers dans l'intimité, les noms de quelques-uns de ces artistes nous ont cependant été conservés. Jehan Grand d'Ecosse, Léonard de Combes, dit Piédeville, Gilbert Vigier, François Bailleau et Gabriel Fayen eurent de la célébrité pendant le XVIe siècle. Sous Henri IV et Louis XIII les plus connus furent Le Vacher, un des derniers membres d'une famille nombreuse de musiciens, et Destouches, dont la réputation précéda celle dont devaient jouir les Philidor, les Descôteaux, Doucet et les Hotteterre, pendant le règne de Louis XIV.

Mais, à cette époque, la musette s'était sensiblement améliorée. La cornemuse des bergers, la chalemie, comme l'appelle le père Mersenne, et la sourdeline, n'étaient plus en usage que dans la campagne.

L'instrument dont on se servait à la Cour et à la ville était plus ou moins richement orné; on y introduisait le vent au moyen d'un soufflet placé sous le bras et non avec la bouche en soufflant dans un *porte-vent;* l'outre ou le réservoir d'air était recouvert d'étoffe de soie, de velours avec garnitures de rubans, de dentelles, de passementeries, de galons d'or ou d'argent, et le bourdon ainsi que le chalumeau se faisaient en bois précieux, d'ébène, de grenadine, ou en ivoire. La mode y était absolument et les amateurs, pour la facilité desquels on avait établi des tablatures suffisamment simples, s'y adonnaient avec passion.

Il n'y a rien de si commun depuis quelques années, écrit Borjon, que de voir la Noblesse, particulièrement celle qui fait son séjour ordinaire à la campagne, compter, parmy ses plaisirs, celuy de jouer de la Musette. Les villes sont toutes pleines

---

[1] Répertoire de Me Jozon, notaire à Paris. Malheureusement, l'acte que mentionne ce répertoire n'a pu être retrouvé. Qui sait si la femme de Martin n'appartenait pas à la famille des Crespy, plumassiers de la Cour de père en fils, et dont l'un des membres, Daniel, était grand-oncle de Molière, du côté de sa grand'mère Agnès Mazuel?

de gens qui s'en divertissent. Combien d'excellens hommes, et pour les sciences et pour la conduite des grandes affaires, délassent, par ce charmant exercice, leur esprit fatigué! Et combien de dames prennent soin de jouer de la Musette à laquelle plusieurs joignant leurs voix, elles semblent luy faire prononcer les paroles des airs qu'elles chantent.

Naturellement, il y eut, dans cet engouement, quelque peu d'exagération, et bien des gens, qui se croyaient cependant des dispositions pour l'instrument en vogue, se rendirent ridicules comme à plaisir.

Les uns, dit notre auteur, en parlant de ces amateurs fort mal doués, retiennent leur respiration; les autres se mordent, ou remuent les lèvres; celuy-là bat extravagamment du pied; celuy-ci tourne tout le corps avec une violence et une agitation extrêmes. Enfin, j'ay vu faire à des gens de si terribles grimaces, que je demanday une fois à l'un d'eux, que j'étois allé entendre, comment s'appeloit son démon, tant ses contorsions m'effrayèrent. Une dame que j'y avois accompagnée me répondit : *Musette;* et aussitost, me retirant, je promis à cet épouvantable joueur de luy envoyer un Exorciste en ma place.

Il faut croire toutefois que les amateurs qui se vouèrent à l'étude de la musette ne furent pas tous aussi malheureux que les forcenés dont nous parle Borjon, car il y en eut qui devinrent assez habiles pour obtenir honneur et succès en exerçant leur talent.

Le fameux libraire François Langlois avait été, quelques années avant, en très grande réputation comme joueur de musette, aussi bien en France qu'en Angleterre, et quand Claude Vignon et Van Dyck firent son portrait, c'est armé de son instrument favori qu'ils le représentèrent. Le portrait de Van Dyck, plusieurs fois gravé, étant par conséquent plus connu que celui de Vignon qui ne l'a été qu'une fois et est de la plus grande rareté, c'est celui-ci que nous reproduisons [1].

Il devint usuel, du reste, parmi les amateurs, même parmi ceux appartenant à la noblesse, de se faire peindre jouant de la musette. Le fait est que ce goût des gens du monde pour l'instrument champêtre dura tout le XVIIe siècle et ne fit même que croître et embellir pendant la première moitié du siècle suivant. L'élément pastoral dominait alors dans les ballets de Cour et dans les représentations théâtrales; on comprendra donc que l'emploi fréquent que l'on y faisait de l'instrument des bergers ne pouvait qu'en entretenir le goût chez les amateurs.

Aucun artiste du moment n'eut plus de réputation que les Hottetere en général et Martin en particulier pour l'habileté d'exécution sur l'instrument à la mode, de même que pour l'excellence de sa construction. Le père, Jean Ier, en tant que *feseur* de musettes, perfectionna le bourdon, nous l'avons dit, mais son fils, plus habile exécutant que lui et meilleur musicien, chercha à augmenter les effets relativement bornés qu'un simple chalumeau permettait d'obtenir et y réussit pleinement. Il doubla le chalumeau; voici du reste l'appréciation motivée que Borjon fit de l'invention de notre artiste :

Le chalumeau simple ne peut faire qu'une dixième ou douzième, suivant les clefs que l'on y met; mais à présent que le sieur Hottetere a ajouté ce second, appelé le petit chalumeau, on peut dire qu'il a mis la musette dans la perfection que l'on pouvoit désirer, puisque l'on y peut, à présent, exprimer les dièzes et les bémols qui font toute la

[1] On trouvera le portrait de Langlois, par Van Dyck, dans le *Magasin Pittoresque* de 1852, p. 393.

Il ny a orgue ny autre Instrument que la _
Sourdeline ne surpasse estant touchee de celuy cy.

C. Vignon. Inue.t   C. Dauid sculp.!   Mariet.te excudit. Compriuilegio.

4

beauté et la justesse des airs que l'on y joue ; et par le moyen de ce petit chalumeau, on peut monter par tons, semi-tons, dièzes et bémols, jusqu'à dix-neuf et vingt degrez de suitte, comme l'on peut voir par expérience, et par la figure qui est dans ce chapitre... Ce qui est d'admirable dans l'invention de ces clefs, c'est qu'il se rencontre que les doigts pour lesquels elles sont faites, ne sont point occupez sur les chalumeaux simples et ordinaires, en quoy le bon sens de l'inventeur de ce petit chalumeau a paru ; car pour ajouter à la musette ce qui luy manquait, il en a trouvé le moyen en occupant deux doigts, sçavoir le petit de la main gauche et le pouce de la droite, qui n'agissoient point. Et à dire le vray, ce petit chalumeau ne paroit dans sa beauté qu'entre les mains de celuy qui l'a inventé... Dans l'estat où est à présent la musette, on ne peut rien trouver de plus doux, ny de plus merveilleux que les concerts qu'on en fait, comme on le peut juger par ceux qui contribuent souvent à ce divertissement de notre invincible monarque.

Borjon, habitué au chalumeau simple, fait bien, dans un autre endroit de son livre, quelques réticences sur l'invention de Martin encore toute nouvelle à la date où il écrivait, mais il dut comme tout le monde se rendre à l'évidence, et la musette à un seul chalumeau, conservée pour les commençants, fut promptement délaissée par les artistes et les amateurs forts.

On comprend que la clientèle du facteur et du joueur de musette dut s'augmenter considérablement à la suite d'une semblable innovation. Lui seul, au commencement, pouvait tourner et garnir de ses clefs ce nouveau chalumeau tel qu'il l'avait conçu ; lui seul était capable de bien enseigner la manière de s'en servir. Les amateurs affluèrent donc chez notre artiste, proclamé désormais le plus habile des tourneurs et des professeurs de musette.

Martin Hotteterre, on n'en saurait douter, composa pour la musette des pièces diverses, dont aucune, cependant, n'a été imprimée. Peut-être s'en trouvait-il dans le recueil manuscrit qui, suivant Fétis, passa de la bibliothèque de Perne dans la sienne dont nous avons parlé à l'article de Nicolas Ier ? Dans tous les cas, il ne nous reste qu'une très faible trace de son talent de compositeur ; c'est une petite marche pour les Musettes, qu'il composa pour le régiment de Zurlauben et que son fils Jacques nous a conservée dans sa *Méthode pour la Musette* (chap. 8, p. 33) ; puis un air à quatre parties pour les Hautbois qui a été recueilli par Philidor dans son précieux volume aujourd'hui à la bibliothèque de Versailles : *Partition de plusieurs marches et batteries de tambour tant françaises qu'étrangères avec les airs de fifres et de hautbois*, etc., etc. (M. S. M D.)

MARCHE DU RÉGIMENT DE ZURLAUBEN

AIR POUR LES HAUTBOIS

Faut-il croire, d'après ces compositions militaires, que leur auteur appartint comme hauboïste à un régiment quelconque? C'est possible, quoique nous soyons sans preuve à cet égard.

La confrérie de la Charité de La Couture, qui existe encore de nos jours, comptait Martin parmi ses membres [1]. Il s'y était fait inscrire pour une rente annuelle qu'il envoyait de Paris. MM. Hérouard et Mauger ont trouvé cette mention sur le registre qui indique, en outre, qu'en 1707, Martin Hotteterre habitait rue de Harlay

du Palais, allant du quai de l'Horloge au quai des Orfèvres, une maison portant l'enseigne de la Musette et qui, croyons-nous, lui appartenait [1].

Martin servit donc dans la musique du roi depuis 1660, quoiqu'il n'en fit partie, officiellement, que vers 1664; il exerça son emploi jusqu'à son dernier jour, car s'il obtint la survivance de sa place pour son fils Jean V, le 17 mai 1699, il est certain que celui-ci n'en fut titulaire qu'à la mort de son père, arrivée en 1712.

Ses deux fils, Jean V et Jacques, dit le Romain, sont ses seuls enfants qui, à notre connaissance, embrassèrent la carrière musicale.

---

[1] Les confrères de la Charité se réunissent le jour du Saint-Sacrement pour vérifier les comptes, et c'est ce jour-là seulement qu'il est possible de consulter les anciens registres, attendu que le meuble qui les renferme ne s'ouvre qu'au moyen de trois clefs différentes confiées à trois membres, sans la présence desquels l'ouverture ne peut avoir lieu.

[1] Son père, Jean Ier, nous l'avons dit, demeurait non loin de là, rue Neuve-Saint-Louis.

LES FILS DE NICOLAS Ier

LOUIS IER

Les biographes, en présentant Louis sous le nom de Hotteterre le Romain, ont commis une erreur assez grave, puisqu'ils l'ont fait jouir d'une réputation à laquelle il n'avait aucun droit; ce titre porté par le plus célèbre des Hotteterre appartient en réalité, et sans qu'il soit possible de le lui contester, à Jacques, fils de Martin. La carrière de Louis ne fut donc pas aussi brillante que celle du parent pour lequel on l'a pris et se passa beaucoup plus modestement.

Nous savons qu'il était le fils de Nicolas Ier, et frère de Nicolas II, dit Colin. Si les deux frères ne sont pas nés à La Cou-

ture, ils semblent du moins y avoir passé leur enfance, et n'être venus à Paris qu'ayant atteint l'âge d'adultes. Louis Ier, qui joua de la flûte à la Cour, en 1664, dans les *Plaisirs de l'Ile enchantée*, succéda l'année d'après à Pierre de Houteville, hautbois de la Grande Ecurie, comme Saqueboute, et Taille de violon, place qu'il occupa jusqu'à sa mort [1]. Il n'y eut guère de représenta-

---

[1] La bande des Hautbois du roi, au XVIe siècle, était composée de la famille des hautbois, de deux saqueboutes (trombones), et de deux cornets. Ces derniers instruments furent supprimés fin du XVIe siècle ou commencement du XVIIe, et la

tion à la Cour sans qu'il y fît sa partie, et il se trouve toujours désigné sur les livrets comme joueur de flûte ou de hautbois.

Il se livra, lui aussi, au tournage des instruments en bois et à vent, et Abraham du Pradel, qui avait oublié de le citer au nombre des musiciens et facteurs d'instruments dont son *Livre Commode* de 1692 renferme la liste, se borna dans un article supplémentaire à le désigner comme suit : « Louis Hotteterre, près Saint-Jacques de la Boucherie, pour tous les instruments à vent » ; ce qui veut dire qu'il en était facteur et professeur tout à la fois.

Nous empruntons à *la Fédération artistique*, du 14 août 1892, la description d'un hautbois signé : L. Hotteterre, faite par M. le comte d'Adhémar, grand collectionneur et propriétaire de cet instrument.

Mon hautbois de Hotteterre est en buis très fin, teinté à l'eau-forte, d'une jolie coloration brune ; les montures, en ivoire sans saillies, sauf un très mince filet à la jointure du corps suivant, en font un instrument aussi léger que gracieux dans sa simplicité. Il est muni de deux clefs d'argent avec quelques traces de dorure, mais peu régulièrement découpées ; elles sont rondes au-dessous des trous. La clef de *mi* bémol est à patte arrondie, et celle d'*ut* naturel à double touche, formant comme un grand V, à branches curvilignes épanouies, entre lesquelles sort une pointe courte et aiguë, en façon d'ornement............ Le corps du haut porte la marque HOTTETERRE avec un gros point surmontant le troisième T de ce nom, point qui suit la lettre L,

placée au-dessus du nom de Hotteterre, sur le second corps :

L.
HOTTETERRE.

Nous croyons devoir attribuer ce hautbois à Louis Iᵉʳ, parce que la description des clefs qu'en fait son propriétaire semble indiquer un instrument du commencement du XVIIIᵉ siècle. Il est peu probable aussi que Louis II, n'ayant pas quitté La Couture, ait eu l'idée de marquer ses instruments comme les facteurs parisiens en avaient l'habitude.

Toujours en bonnes relations avec ses parents restés au pays, Louis y faisait des voyages de temps en temps, et son nom figure parfois sur les registres des localités environnantes ; en 1694, par exemple, il fut parrain, à Ivry-la-Bataille, de la fille du procureur fiscal, et l'acte de baptême le qualifie d'Officier de sa Majesté. En 1703, il fut témoin, à Boncourt, du mariage de sa nièce, Barbe Coricon, fille de sa sœur Anne Coricon, avec Jacques Deshayes, et, en 1705, il fut parrain, à Serez, de Nicolas Chédeville, son petit-neveu, petit-fils de sa sœur. Mais il existe encore, à La Couture même, une preuve de ses sentiments religieux d'abord et, ensuite, de l'attachement qu'il conserva toujours pour le pays, berceau de sa famille. Son frère Colin s'associa à cet acte de piété, inspiré, sans doute, par le souvenir des jours heureux de leur enfance.

Les deux frères firent cadeau à l'église de La Couture d'une châsse, qu'on y conserve encore, contenant les reliques de :

Saint Claire (sic), patron de La Couture, *de saint Dieu-Donné, saint Illuminé, sainte Fortunée, et une mâchoire, presque entière, avec dix dents, de saint Vincent.*

---

bande ne se composait plus, sous Louis XIV, que des dessus, hautes-contre, tailles de hautbois, et des bassons. Malgré la disparition de l'instrument de cuivre et du cornet à bouquin, les artistes continuèrent, jusques assez avant dans le XVIIIᵉ siècle, à être toujours désignés, sur les registres de la Cour, comme l'étaient leurs prédécesseurs, sous François Iᵉʳ et Henri II.

On lit, de plus, ces deux inscriptions à chaque bout du reliquaire :

Cette châsse a été donnée par Lovis et Nicolas Hotteterre frères, havtbois dv Roy povr avoir part avx prières des fidèles. 1702.

Ces Reliqves des S. S. ont esté envoyées de Rome par Nostre Saint Père le Pape Clément XI et pré-sentées à Nostre Dame de la Newe, à La Covtvre, par Lovis Havtteterre, havtbois dv Roy, l'an 1702.

Si véritable-ment Jacques Hotteterre fit un voyage à Rome à la suite duquel on l'appela Hotteterre le Romain, on peut donc admettre, sans pour cela se hasarder beaucoup, que c'est lui qui rap-porta aux deux frères, ses cousins, les reli-ques qu'ils offrirent pieusement à l'église de leur pays.

Le 22 janvier 1714, Louis donna la survivance de sa place à son neveu Pierre Chédeville (Arch. Nat. O. 58), qui est porté sur le registre de la Cour des Aides de 1720, comme lui ayant succé-dé.

C'est donc très probable-ment par erreur que l'*Etat de la France* de 1722 le fait encore fi-gurer comme titulaire de sa charge à cette date.

Louis Ier dut mourir en 1719 ou 1720, au plus tard.

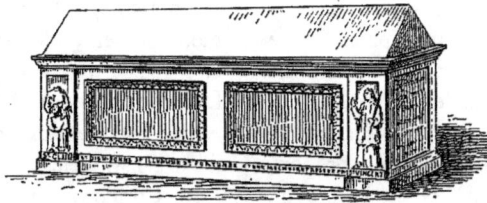

NICOLAS II, dit COLIN

La biographie de Colin marchant pour ainsi dire parallèlement avec celle de son frère Louis Ier, le lecteur devra consulter cette dernière, où nous avons forcément confondu certains faits concernant les deux frères, principalement ce don de reliques fait par eux à l'église de La Couture.

Colin entra dans la musique du roi en 1666 ou 1667, remplaçant, comme il a déjà été dit, son oncle Martin, qui lui céda sa charge de Haute-contre de hautbois dans la bande des Grands Hautbois, lorsque lui-même succéda, comme Hautbois du Poitou, à son père Jean Ier. A partir de ce moment,

on le voit à côté des Hotteterre, faisant son service dans toutes les solennités qui se cé-lébraient à la Cour.

Il était aussi, en 1672, hautbois des 1re et 2e compagnies des Mousquetaires du roi, en même temps qu'André Philidor, François Plumet, Jean Du Clos, Germain Boutet et Marin Thiot dit La Croix. Ce fait nous est signalé par M. Monval, qui l'a trouvé dans un acte notarié annulant une convention sans importance passée entre ces artistes.

Colin habitait, en 1692, la rue d'Orléans [1],

---

[1] Il y avait alors deux rues d'Orléans : l'une rue des Quatre-Fils, l'autre rue Saint-Honoré.

et y tournait flûtes, flageolets, hautbois, bassons et musettes [1]. Plus tard, en 1717, un reçu de lui, que possède M. Mauger de La Couture, nous apprend qu'il demeurait alors rue Jean-Pain-Mollet, paroisse de Saint-Jacques-la-Boucherie.

Nous devons rappeler ici la flûte à bec marquée d'une étoile et du nom de Hotteterre, surmonté de la lettre N, de la collection de M. Petit de Blois, sur la paternité de laquelle il y a incertitude et qui toutefois ne peut être que de l'un des deux Nicolas.

Quoique Travenol, dans son *Histoire de l'Opéra,* cite un Hotteterre sans prénom parmi les symphonistes de l'Opéra à l'époque de Lully, on ne saurait affirmer qu'il en fût ainsi, attendu que les distributions données par cet auteur sont presque toujours copiées sur celles des représentations à la Cour et que le plus grand nombre des artistes, qui y faisaient leur service comme musiciens du roi, ne jouèrent jamais à l'Opéra de Paris. Cependant les Hotteterre étaient nombreux, tous avaient du talent, et il n'y aurait rien d'impossible à ce qu'il y en eût parmi eux qui aient été attachés à l'Opéra du Palais-Royal, sinon même à celui de la rue de Vaugirard. Ainsi, à une époque plus rapprochée, grâce à un manuscrit de Caraffe, conservé aux Archives de l'Opéra, on voit qu'en 1713, Nicolas Hotteterre, dit Colin, appartenait depuis quelques années à l'orchestre de l'Opéra. Il faisait partie du grand chœur et touchait 400 livres d'appointement, plus 400 livres de gratification. Ses deux petits-neveux, Pierre et Esprit-Philippe Chédeville, très jeunes alors, faisaient également partie du même orchestre.

Colin Hotteterre resta Hautbois du roi jusqu'au jour de son décès, arrivé le 14 décembre 1727. Denis Martel le remplaça momentanément, c'est-à-dire jusqu'au 4 janvier 1728, date à laquelle Georges-Michel Daunates fut nommé à la place du défunt [1].

Par testament olographe du 13 mai 1718, il avait institué légataire universelle sa nièce, Anne Coricon, veuve de Pierre Chédeville père. Il l'obligeait à verser chaque année à l'église de La Couture une somme de vingt-quatre livres afin qu'il y fût dit des prières pour son père, sa mère et pour lui. L'acte de cette pieuse fondation donne à penser que Colin Hotteterre laissait quelque fortune, car on y voit que la légataire avait donné hypothèque « sur tous les immeubles qui lui étaient échus de la succession du sieur Nicolas Hotteterre ». Cette rente de 24 livres fut du reste exactement payée par les Chédeville de Serez jusqu'à ce qu'elle ait été rachetée par la famille, en 1836 ou 1840.

Signature de Colin :

---

[1] Ce renseignement se trouve dans le *Livre commode* d'Abraham du Pradel. La note d'Ed. Fournier concernant Colin, dans la nouvelle édition de ce livre, est passablement erronée, comme la plus grande partie de celles qu'il y a mises sur les musiciens. Il confond Colin, soit Nicolas II, avec Nicolas Ier, et, de plus, avec Jean Ier.

[1] C'est par erreur que l'*Etat de la France,* de 1736, fait figurer Nicolas II Hotteterre au nombre des vétérans de la Chapelle, car les dates de sa mort et de son remplacement ont été relevées par nous sur le registre même du Secrétariat de la maison du roi. (Arch. Nat. O[1] 72 et 73.)

JEAN III

Son brevet de musicien de la Cour ne laisse aucun doute sur son ascendance; il y est bien désigné comme étant le fils de Nicolas Iᵉʳ et le neveu du frère de celui-ci, Jean II, après la mort duquel le roi lui accorda, le 15 mars 1669, la place de Basse de hautbois dans la bande des Grands Hautbois. (Arch. Nat. O¹, 13.)

Son service à la Cour fut tout aussi actif que celui de ses parents, mais on ne le voit guère figurer dans les livrets des ballets et opéras que comme basson ou flûtiste.

Jean III mourut jeune, soit en 1683, et fut remplacé par son parent, Jean IV, dit Jeannot, ainsi que le porte le registre du secrétariat de la maison du roi de cette année, à la date du 26 mai : « Retenue de joueur de hautbois de la Grande Ecurie pour Jean Hotteterre à la place de Jean Hotteterre. » Ce Jeannot qui, comme nous le verrons, faisait sa partie dans les représentations théâtrales de la Cour, dès 1676, avait sans doute déjà la survivance de son cousin.

Nicolas Iᵉʳ, père de Jean III, et Anne Mauger, sa mère, passèrent un acte par devant Mᵉ François Auvray, notaire du Bailliage et Vicomté d'Ezy, le 3 juillet 1683, par lequel ils faisaient plusieurs fondations pieuses pour leurs parents, et entre autres « pour et à l'intention de desfunt Jean Hautteterre leur fils ».

BRANCHE COLLATÉRALE

JEAN IV, ᴅɪᴛ JEANNOT

Jean IV appartient à une autre branche de Hotteterre que celle dont faisaient partie les membres de cette famille que nous venons de biographier. Il naquit à La Couture-Boussey, vers 1648, et était fils de Louis Hotteterre et de Marie Mauger. Les actes où nous avons vu figurer son père ne mentionnent pas sa profession, de même qu'il ne s'y trouve rien pouvant nous édifier sur sa parenté avec Jean Iᵉʳ. Etaient-ils frères ou seulement cousins ? Dans tous les cas, Louis resta au pays, et ce n'est qu'après sa mort, arrivée un peu avant 1671, que son fils Jean dut venir à Paris.

Le nom de celui-ci, en effet, ne nous apparaît pour la première fois qu'à la représentation d'*Atys*, faite devant la Cour, à Saint-Germain, le 10 janvier 1676. Il y figure en *Zéphir*, jouant du hautbois dans la Gloire, à côté de ses parents Louis, Colin, Jean III

P. Dulin del.

N. H. Tardieu, sc.

LES DOUZE GRANDS HAUTBOIS DU ROI

AU SACRE DE LOUIS XV

et Nicolas Iᵉʳ Hotteterre, et de Plumet, tandis que les Philidor, l'aîné et le cadet, jouaient du cromorne. Dans deux autres scènes, du même opéra, il se trouvait transformé en *Songe*, puis en *Dieu des Fleuves*, mais il avait remplacé le hautbois par la flûte, comme l'avaient fait les musiciens que nous venons de nommer et auxquels s'étaient joints les flûtistes de talent : Philbert, Descôteaux et Piesche.

Dans *Isis*, représentée aussi à Saint-Germain pendant le carnaval de 1677, on voit que les quatre satyres, *jouans de la flûte*, étaient Louis, Jean, Nicolas et Jeannot Hotteterre. L'exécution symphonique de ce nouvel opéra de Lully fut remarquée et mérita cet éloge du *Mercure Galant :*

> Le grand nombre d'instrumens touchez par les meilleurs maistres de France, a fait trouver des beautez dans la symphonie de cet opéra, et il est impossible que tant d'instrumens entre les mains de tant d'excellens hommes ne produisent pas toujours de l'effet.

Jeannot, qu'on appela seulement ainsi dans sa jeunesse, participa, c'est certain, à l'exécution de toutes les solennités musicales qui avaient lieu à la Cour, car il devint titulaire, le 26 mai 1683, de la place de Basse de hautbois du roi, devenue vacante par la mort de son parent, Jean III, dont il avait, sans doute, la survivance. Il conserva cette place toute sa vie, et comme ce n'est qu'en 1723 qu'il se choisit un survivancier, on peut être sûr que lors du sacre de Louis XV, le 26 octobre 1722, il se trouvait parmi les douze Grands Hautbois du roi, qui exécutèrent certains morceaux officiels pendant la cérémonie. Il jouait du basson à côté de ses cousins : Jacques, dit le Romain, basson

lui aussi, Nicolas II, dit Colin, et Pierre Chédeville, les seuls membres de la famille faisant alors partie de la musique royale et figure avec eux dans le groupe des hautboïstes que nous reproduisons ci-contre d'après la gravure du temps.

En dehors de son service chez le roi et des leçons à donner à ses élèves, Jean IV s'adonnait à la confection des instruments et s'était établi comme ses parents, Louis Iᵉʳ et Colin. Il demeurait rue des Fossés-Saint-Germain; c'est du moins là que le *Livre Commode* d'Abraham du Pradel donne son adresse, en 1692, parmi les *Maîtres pour le jeu et pour la fabrique des instruments à vent, flûtes, flageolets, hautbois, bassons et musettes*, etc.

On ne sait à quelle époque il quitta son établissement, mais il continua toujours, quoique très âgé et retiré dans un petit appartement, à tourner flûtes et hautbois jusqu'à son dernier jour.

Il passa la survivance de sa charge à la Cour, en 1723, à son jeune cousin Esprit-Philippe Chédeville, qui toutefois préféra succéder directement à son frère Pierre qui venait de mourir, et se démit, avec le consentement du vieux titulaire, de cette survivance, le 1ᵉʳ novembre 1725, en faveur de son autre frère Nicolas Chédeville.

Jean IV était religieux, et on en a la preuve par les tableaux et les livres de sainteté qui, nous le verrons, se trouvaient chez lui lors de sa mort; aussi, quoique nous n'ayons pas de renseignements positifs à l'égard de certaines donations faites à l'église de La Couture et à la confrérie de la Charité de cette paroisse, comme aux dates probables où ces actes pieux s'accomplirent, il est le seul des Hotteterre de Paris, du nom de Jean, existant alors, auquel on puisse les attribuer avec le plus de vraisemblance, nous croyons devoir lui en faire honneur. Voici, du reste, la seule mention qui subsiste du fait, relevée par M. Mauger sur les livres de la confrérie de la Charité.

Jean Hautteterre, aussi hautbois du Roy, né et baptisé audit lieu (de La Couture), demeurant aussi à Paris, a donné dix livres de rente et un callice qui est encore à ladite Charité, où est inscrit le nom et la donation sous la patte dudit callice, et un Ciboire et le Soleil de l'église.

Ces pièces d'orfévrerie religieuse, qu'il eût été intéressant de retrouver, semblent ne plus exister. Cependant l'église de La Couture possède toujours un ostensoir qui paraît assez ancien et qui pourrait être le Soleil que notre artiste envoya de Paris à l'église où il avait reçu le baptême et fait sa première communion. Les reliques données par Louis et Nicolas ne seraient donc pas les seuls témoignages existant encore, que les Hotteterre auraient laissés de leur piété et de leur attachement au pays natal!

Le matin du mercredi 20 février 1732, Jacques Hotteterre le Romain, Esprit-Philippe Chédeville et son frère Nicolas, tous les trois Hautbois de Sa Majesté, se présentèrent chez le lieutenant-civil et lui remontrèrent que leur cousin Jean Hotteterre, âgé de quatre-vingt-quatre ans, et demeurant rue de la Harpe, à la Tour-d'Argent, avait disparu depuis le lundi soir; aucun de ses voisins ne l'avait vu et sa porte restait fermée quoique on y eût frappé violemment et à maintes reprises. Le commissaire Le Vié fut désigné pour les accompagner, et quand on eut fait sauter la serrure, on trouva dans un petit cabinet attenant à une grande chambre du second étage, le cadavre du vieux musicien, « étendu dans son lit, couvert de sa couverture et de ses habits. » Il était mort d'apoplexie, car le corps ne portait « ny playes, ny blessures », ainsi que le constata le chirurgien Bernard Sorbet. On procéda le même jour à l'inhumation; le reçu du service, qui se fit à Saint-Séverin et coûta 59 livres 4 sols, est signé par l'abbé Padeloup, prêtre sacristain de cette église, avec la date du 20 février [1].

Nous avons sous les yeux le procès-verbal de l'apposition des scellés et nous en extrayons ce résumé succinct, offrant, croyons-nous, quelque intérêt, puisqu'il nous transporte dans l'intérieur d'un Hautbois du roi, il y a cent soixante ans.

Les meubles se composaient d'une table en bois de sapin, une petite table ployante de même bois, pelle, pincettes, deux chenets garnis de pommes de cuivre, deux autres chenets de fer, quatre chandeliers de cuivre jaune, cinq chaises couvertes de serge verte, la tapisserie de la chambre de *vieille Bellegame* (pour Bergame, croyons-nous), un paravent de quatre feuilles garni de drap vert, une tablette à vaisselle en bois de sapin portant de la vaisselle d'argent et d'étain (sans détail), un lit à bas piliers garni, le tour du dit lit, de serge verte, un rideau de serge verte. Un miroir d'une glace dans sa bordure de bois de noyer noirci.

Le vestiaire ne comprenait qu'un habit de hautbois vieux, garni d'argent; un vieux manteau de bouracan; deux chapeaux bordés d'argent; deux vieilles perruques et une épée à poignée de cuivre.

Comme objets divers, on énonçait: un tour garni de sa poupe à pointes et un arbre de fer; cent pièces, qui sont outils servant au tour; un établi de bois de chêne; un étau de fer; *une musette d'ivoire*

---

[1] Cet abbé, Claude-Philippe Padeloup, était fils de Philippe Ier, relieur, et, par conséquent, cousin germain d'Antoine-Michel Padeloup, le plus célèbre des relieurs de ce nom.

et son bourdon d'ébène; plusieurs *vieilles flûtes.* Huit tableaux, dont deux petits représentant notre Seigneur et la Vierge; le *portrait du défunt, dans sa bordure de bois sculpté et doré.* Vingt volumes, dont *Une Imitation,* un *Évangile* et autres livres de dévotion. Un coffre-bahut, scellé, sans avoir été ouvert.

Enfin, plusieurs sommes formant un total de 1633 livres. (Arch. Nat. Y 11047 — 328.)

On ne peut guère regretter dans toute cette triste défroque que la musette, les flûtes, peut-être la tapisserie de *Bellegame,* mais surtout le portrait du pauvre vieil artiste.

Ce tableau devait représenter le défunt dans son costume de musicien de la Cour et aurait fait un intéressant pendant au portrait de Jacques. Si on l'eût retrouvé, M. Mauger,

passionné pour tout ce qui touche à l'histoire de son pays, ainsi qu'il l'a prouvé en nous aidant si patiemment dans nos recherches, aurait certainement réussi à s'en procurer une copie, à défaut de l'original, pour en orner le Musée instrumental de La Couture.

Jean IV Hotteterre avait pour héritiers directs les enfants de son frère Louis, c'est-à-dire son neveu Philippe I Hotteterre, tourneur à La Couture, et ses nièces Catherine, femme Angibaut, demeurant à Rouvres, près d'Anet, et Marguerite, veuve Jacques Chevard de La Couture. Cette dernière donna sa procuration à Esprit-Philippe Chédeville, tandis que les deux autres héritiers firent le voyage de Paris.

LES FILS DE MARTIN

JEAN V

Son père, Martin Hotteterre, lui assura sa place de Hautbois et Musette du Poitou, par un brevet de survivance que le roi signa à Marly, le 17 mai 1699. Jean ne devint titulaire de cette place qu'après la mort de son père, survenue, nous l'avons dit, en 1712; mais il ne la remplit que quelques années, puisqu'il mourut en février 1720. Son décès est consigné dans le brevet de son successeur, Jacques-Siméon Mangot, dont une parente, sinon même la fille, épousa Rameau, six ans plus tard [1].

Jean V jouait particulièrement bien de la musette et composait pour cet instrument. Après sa mort, son frère Jacques publia fraternellement l'une de ses œuvres qui forme à elle seule tout un poème : *La Nopce champêtre ou l'Hymne pastorale,* sorte d'idylle sans paroles, mais non toutefois sans programme explicatif. La tendre musette avait en effet à interpréter les différentes scènes que voici : l'Appel pour rassembler la troupe (c'est-à-dire les invités); Marche pour la nopce champêtre; Sarabande de l'hymen;

---

[1] Madame Rameau, Marie-Louise, fille de Jacques Mangot, s'était mariée, âgée de dix-huit ans, le 25 février 1726. Le marié, qui n'avait pas moins de

quarante-trois ans, et son beau-père, se qualifièrent tous les deux, dans cet acte de mariage, de Bourgeois de Paris.

Marche de retour; Les compliments; Ouverture, le Festin; Airs divers de danses; Le réveil-matin.

Notre musettiste, en baptisant ainsi ses morceaux, suivait évidemment l'exemple de Couperin, qui donnait à ses pièces de clavecin des titres plus ou moins descriptifs et que ses successeurs, clavecinistes ou pianistes, devaient tant exagérer en les imitant plus tard.

Le titre de l'œuvre qui renfermait cette naïve composition était celui-ci :

Pièces pour la Muzette, qui peuvent aussi se jouer sur la Flûte, sur le Hautbois, etc., par M. Jean Hotteterre, hautbois et musette du Roy. Œuvre posthume, mise au jour par M. Hotteterre le Romain, son frère. Plus une *Pièce par accords pour la muzette à deux chalumeaux*, par M. Hotteterre le Romain En outre, la *Guerre*, pièce de muzette et autres instruments, laquelle n'a point été imprimée jusqu'à présent A Paris, chez M. Hotteterre, rue Dauphine, au coin de la rue Contrescarpe. Paris, grand in-8º, oblong.

JACQUES, DIT LE ROMAIN

Jacques est, avec son père Martin, celui qui a le plus fait pour illustrer le nom des Hotteterre. Et cependant, jusqu'à présent, sa mémoire n'en a récolté aucun bénéfice; on n'a même pas mentionné son nom et on l'a privé des éloges que ses œuvres devaient lui mériter, pour en faire honneur à un de ses parents n'y ayant aucun droit. Cela tient à ce que les historiens qui se sont occupés de nos artistes ont parcouru les œuvres de Jacques aussi légèrement que Fétis l'avait fait, et s'en sont rapportés sans contrôle au dire de celui-ci. Tous se sont donc étrangement trompés en donnant à Hotteterre le Romain le nom de Louis.

Si l'on avait mis un peu plus d'attention dans l'examen des ouvrages qu'il s'agissait de décrire, on aurait vu, par les privilèges accompagnant quelques-unes de ces œuvres, l'*Art de préluder sur la Flûte traversière*, entre autres, que le qualificatif de *Romain*, ajouté au nom patronymique de l'auteur, s'appliquait à Jacques, fils de Martin et petit-fils de Jean Iᵉʳ, et non pas à Louis Iᵉʳ, qui

ne publia jamais une seule composition musicale, ni aucun livre théorique [1].

---

[1] C'est donc à Fétis qu'il faut s'en prendre de cette grave erreur; mais, après lui, le plus coupable est certainement Gustave Chouquet qui, poussé « par l'aiguillon du devoir » (c'est lui qui s'exprime ainsi), a publié sur les Hotteterre, dans la *Revue et Gazette musicale* du 8 juin 1879, un article amphigourique, véritable galimatias, affichant, en outre, la plus grande prétention à faire la lumière dans l'histoire de ces artistes, alors qu'il n'a réussi qu'à la rendre encore plus obscure qu'elle ne l'était avant sa glose.

On devait s'attendre à être mieux instruit par celui-ci, car, fort peu indulgent pour les autres, se posant comme candidat à l'Académie des Beaux-Arts (!), et s'appelant lui-même, dans des notes qu'il glissait dans les journaux à chaque don fait à son musée, l'*érudit* conservateur du Musée instrumental du Conservatoire, il avait à sa disposition la riche bibliothèque de cet établissement On l'y voyait toujours, c'est vrai, furetant et prenant des notes d'un air affairé; mais ce déploiement de zèle n'était, hélas! que pour l'apparence.

L'artiste justement réputé pour être le plus connaisseur parmi les collectionneurs d'instruments, et qui, de bonne foi, fournit à Chouquet de précieux renseignements pour la rédaction de son catalogue du Musée, s'étant assez vite aperçu qu'on ne lui en saurait aucun gré et qu'on ne le nommerait seulement pas, ne tarda pas à ne plus rien dire; aussi en résulta-t-il que, livré à lui-même, le rédacteur de ce catalogue, absolument étranger aux questions qu'il avait à y traiter, l'émailla, malgré son érudition tant

Jacques naquit vraisemblablement à Paris, où son père Martin se maria, qu'il habita longtemps, et où il mourut dans une maison qui paraît lui avoir appartenu, rue de Harlay au Palais.

La raison qui valut au fils Hotteterre le surnom de *Romain* ne trouve son explication, à défaut de preuves authentiques, que dans la probabilité d'un voyage en Italie, entrepris par lui, et pendant lequel il aurait fait à Rome un séjour plus ou moins prolongé.

Une fois revenu en France, il ne tarda pas à être admis dans la musique royale de la Grande Ecurie, comme Basse de hautbois et Basse de violon, succédant à son parent, Jacques-Jean Hotteterre. Ce fut entre 1705 et 1707, attendu qu'à cette dernière date il prenait déjà le titre d'Ordinaire de la musique du roi.

Il se fit ensuite connaître par sa méthode de flûte, dont voici le titre exact de la première édition : *Principes de la Flûte traversière ou Flûte d'Allemagne, de la Flûte à bec ou Flûte douce, et du Hautbois, divisez par traités*, par le Sr Hotteterre le Romain, Ordinaire de la Musique du Roi. Paris, Christophe Ballard, 1707 [1].

Jacques arrivait au bon moment, car ce n'est qu'à la fin du XVIIe siècle que la flûte traversière fut introduite dans les orchestres. Les amateurs s'en étaient épris et la préféraient aux anciennes flûtes à bec ; aussi la Méthode de notre artiste, répondant à un besoin du jour, fut-elle bien accueillie et acheva de le poser comme un des meilleurs maîtres pour l'instrument nouvellement adopté.

La méthode de Freillon Poncein ne traitant, il est vrai, que de la flûte à bec, du flageolet et du hautbois, fut entièrement délaissée ; d'ailleurs, il n'est que juste de le reconnaître, les leçons écrites de Hotteterre, logiquement développées, suffisamment explicites dans leur laconisme, sont vraiment excellentes et méritaient le bon accueil qu'elles obtinrent. Le succès fut très grand, et la preuve s'en trouve dans les nom-

___

vantée, d'un certain nombre d'erreurs. Quand on lui en signalait quelques-unes, même en y mettant des formes, le candidat à l'Institut (!) répondait sentencieusement « qu'il avait eu ses raisons pour mettre ce qu'il avait mis », et il se dérobait avec dignité. Je me suis demandé bien souvent ce que cet impeccable, si sûr de son infaillibilité, aurait répondu, si on lui avait placé sous les yeux les volumes qu'il disait avoir consultés avec plus de soin que Fétis, en posant le doigt sur les passages constatant, en toutes lettres, que Hotteterre le Romain était Jacques et non pas Louis ?

[1] On a beaucoup disserté, et cela sans trop de raison, à propos de cette première édition, sur la date de laquelle on ne s'est pas mis d'accord. Le point de départ de toutes les paroles inutiles dites à cette occasion se trouve dans Fétis..... naturelle-

ment. Il veut que cette édition de 1707 soit la seconde, parce que, suivant lui, « le titre est indiqué dans le catalogue d'Ouvrages de musique placé à la fin de la *Méthode de Théorbe* de Michel-Ange, publiée en 1699 ». D'abord, cet auteur, que Fétis appelle simplement Michel-Ange, tout comme le grand Buonarotti, est ainsi fort mal désigné, puisqu'il s'appelait Angelo Michele Bartolomi (!) ; son ouvrage, de plus, n'est pas intitulé *Méthode, etc.*, mais bien *Table pour apprendre facilement à toucher le Théorbe* (!!), et sa date d'apparition est 1669 (!!!). Enfin, après bien des recherches, que d'aussi fantaisistes indications ne pouvaient que rendre fort difficiles, nous avons trouvé à la Bibliothèque Nationale un exemplaire du livre de Bartolomi. Il contient bien le catalogue en question, mais il est facile de voir que cette pièce est indépendante de l'ouvrage, qu'elle y a été ajoutée postérieurement à sa date, ainsi que Ballard et tous les éditeurs de musique le faisaient souvent. Et voilà comment Fétis, qui reproche parfois si aigrement à ses confrères leur légèreté ordinaire et leurs *singulières* erreurs, a presque toujours procédé dans ses ingénieuses inductions ! J'ajouterai, pour retirer toute incertitude par rapport à cette première édition, que Hotteterre, lui-même, dit, dans une de ses pièces de 1708, que c'est l'année précédente qu'il publia son *Traité de Flûte*.

breuses éditions parisiennes de ce traité, dans les traductions qui s'en firent en Angleterre et en Hollande, et même dans les contrefaçons qu'on en publia en différents pays.

Nous n'avons pas trouvé l'édition de Paris, de 1713, citée par quelques auteurs, mais nous avons eu entre les mains, outre la première, celles de 1720, 1722, 1741 et enfin, la dernière, publiée avec des additions par Bailleux, après 1760, soit plus de cinquante ans après la première [1].

Les éditions de Paris portent comme frontispice un joueur de flûte dont chaque doigt placé sur l'instrument est marqué d'une lettre à laquelle renvoie l'explication du doigter donnée dans le premier chapitre. Cette gravure est de Bernard Picart et passe généralement pour le portrait de Jacques Hotteterre. Quoique on ne possède aucune preuve certaine à cet égard, la chose paraît, du reste, très admissible, car notre flûtiste y est coiffé de la grande perruque frisée et vêtu du costume que portaient les musiciens du roi de l'époque. La physionomie, loin d'être banale, est au contraire assez caractéristique, et représente un type d'une expression toute particulière. Serait-

ce donc que l'auteur de la méthode, voulant donner un exemple absolument parfait, posa lui-même devant l'artiste? Celui-ci aurait alors simplement dessiné les traits de son modèle, comme il dessina la position de ses bras et de ses mains.

La reproduction que nous donnons de cette estampe n'est pas exactement celle de la Méthode; elle est prise sur un exemplaire détaché que nous possédons, exemplaire d'un premier tirage fait sur la planche avant que les hachures du costume et les lettres démonstratives y aient été burinées. Ces tirés à part, avant les lettres, permettaient donc à Jacques Hotteterre d'offrir son portrait à ses parents et amis en épreuves d'amateur!

En 1708, notre flûtiste fit paraître chez Ballard des *Pièces pour la flûte traversière et autres instruments*, pièces, dit-il dans un avertissement, qu'il avait promises l'année précédente en publiant sa méthode. Il les avait jouées devant le roi et il les lui dédia.

Un livre de *Sonates en trio* pour les flûtes traversières et à bec, violon et hautbois, etc., vint après. Dans sa dédicace au duc d'Orléans, il s'extasie sur les progrès surprenants que le prince avait faits en musique et sur ses *savantes compositions*, dans l'exécution desquelles il avait eu l'honneur de faire sa partie.

Il publia ensuite une *Première* et une *Seconde suite de pièces à deux flûtes* et un *Deuxième livre de pièces pour la flûte*. La seconde suite était dédiée au chambellan du duc d'Orléans, M. du Fargis, qui avait été un de ses meilleurs élèves.

Jacques était, du reste, très recherché pour ses leçons et en donnait à presque tous les amateurs du grand monde; aussi se plai-

---

[1] On a cité des éditions d'Amsterdam en 1708, 1710 et 1728. Nous ne connaissons que cette dernière, dont M. Snoeck, de Gand, possède un exemplaire qu'il nous a très obligeamment communiqué et sur lequel nous copions le titre qui suit, fautivement reproduit dans Fétis : *Grond-Beginselen Over de Behondeling van de Dwars-Fluit. In een duidelyke Verhandeling over het recht gebruik, in een Korte Leeroeffening van dien vervat.* Door Den Heer Hotteterre den Romein; *Voornaam Muzik-Meester. Overgezet door* Abraham Moubach. T' Amsterdam, by Michel Charles Le Cene, 1728, in-8º. M. Snoeck possède aussi une contrefaçon imprimée à Londres, sans date : *The Newest Method for learners on the German Flute*, etc.

sait-il à baptiser ses compositions du nom des élèves dont la notoriété pouvait lui faire honneur.

C'est au commencement de 1719 que parut son second traité, intitulé *l'Art de préluder sur la Flûte traversière, sur la Flûte à bec, sur le Hautbois et autres instruments de dessus*, et ce volume porte l'ancien privilège du roi qui nous a révélé son identité méconnue dans toutes les biographies hotterriennes. Le roi l'y appelle « son bien aimé Jacques Hotteterre, l'un des musiciens de sa chambre pour la Flûte traversière », en disant à la fin : « Nous avons permis et permettons par ces présentes audit JACQUES HOTTETERRE LE ROMAIN de faire imprimer et graver ledit ouvrage, etc. Donné à Versailles, le 12 décembre de l'an de grâce 1711, etc. »

La répétition de ce même privilège dans plusieurs des œuvres du maître rend vraiment inexplicable cette persistance à vouloir qu'il s'appelât *Louis !*

Hotteterre le Romain publia, après son *Art de préluder*, une *Troisième suite de pièces pour les flûtes, hautbois et musettes ;* des *Sonates* par le signor Roberto Valentine ; d'autres *Sonates*, par le signor Francesco Torelio[1], *recueillies et accommodées au goût de la flûte traversière ;* puis un *Concert du Rossignol*, indépendamment de la *pièce par accords* et de *la Guerre*, compositions pour la musette parues à la suite de l'œuvre posthume de son frère Jean V, éditée par ses soins.

Si Jacques Hotteterre, ainsi que tous ses parents, savait tourner les instruments, rien n'indique qu'il se livra comme eux à leur fabrication. Cependant, nous croyons devoir donner le modèle de la flûte traversière dont il se servait, d'après le précieux exemplaire que M. César Snoeck, de Gand, en possède dans sa riche collection si connue. Cet amateur a bien voulu nous communiquer cette pièce rarissime, et nous n'aurions garde d'oublier de l'en remercier ici très sincèrement. La marque de l'ancre ne pourrait-elle pas avoir été, comme nous le disons autre part, celle de Jean Ier, puis de son fils Martin, par héritage, et enfin celle de son petit-fils Jacques ?

HOTTETERRE

Quoi qu'il en soit, celui-ci n'exerça sans doute pas l'état de tourneur d'une façon suivie, car, virtuose et professeur avant tout, il devait avoir peu de temps à lui ; puis s'étant marié avec Elisabeth-Geneviève Charpentier, fille d'un notaire et dont la fortune, jointe à l'héritage de son père Martin, le mettait dans une position qui le dispensait d'exercer un état manuel, il est probable qu'il se consacra entièrement à ses compositions, à ses leçons et à la pratique des instruments dont il jouait.

La flûte était bien son instrument de prédilection, mais, élève de son père, très habile sur la musette, il y était lui aussi d'une certaine force. Cet instrument qui, nous l'avons

---

[1] Il s'agit de sonates pour le violon, composées par ces deux violonistes italiens, dont les noms ne figurent dans aucune biographie. Hotteterre arrangea encore, pour la flûte, des sonates de violon d'Abinoni, sur lesquelles les renseignements bibliographiques manquent aussi.

vu, était très goûté au XVIIe siècle, avait de nouveau passionné les amateurs et obtenu une recrudescence de vogue très marquée dans les commencements du XVIIIe. Aussi, Jacques Hotteterre, assez bien doué pour l'enseignement et habitué à formuler ses démonstrations avec clarté, suivit-il la mode, en écrivant un nouveau traité, publié en 1737, sous le titre de *Méthode pour la Musette, contenant les principes, par le moyen desquels on peut apprendre à jouer de cet instrument de soi-même à défaut de maître*, etc.

Il fut ici moins laconique qu'il ne l'avait été dans ses *Principes* pour la flûte et ajouta à ses instructions un certain nombre de pièces pour la musette.

A cette époque, tous les Hotteterre devenus parisiens étaient morts, à l'exception de Jacques et de ses deux fils. Nous avons assisté à la triste mission qu'il eut à remplir en 1732, avec les Chédeville, quand ils découvrirent le cadavre de leur cousin, le vieux hautbois du roi, Jean IV Hotteterre, expiré une froide nuit d'hiver, sans secours et comme abandonné, dans la maison de la Tour d'argent, où il vivait seul. Le vieux tourneur disparu, les deux Chédeville se trouvaient, lors de l'apparition de la *Méthode de musette* de leur cousin, les seuls membres de la famille établis facteurs à Paris, et y jouissant, à ce titre, d'une réputation égale à celle qu'ils y avaient acquise comme virtuoses. C'est évidemment d'eux que leur cousin veut parler, dans sa méthode, en recommandant de s'adresser pour les soins à donner aux musettes :

Non seulement à un habile artiste, mais aussi à un homme qui ait de la probité ; car on peut être facilement surpris dans ces encontres... Mais on ne peut guère courir ces risques de notre temps, puisque

ceux que l'on connoît pour se distinguer dans cette profession, sont connus aussi pour honnêtes gens, et jaloux de passer pour tels.

En ne nommant pas ses cousins, Esprit-Philippe et Nicolas Chédeville, notre auteur n'obéissait-il pas à un sentiment de pudeur poussé un peu loin ? Sa réclame ne doit-elle pas vraiment nous paraître aujourd'hui bien discrète ?

Hotteterre le Romain, qui avait succédé, entre 1705 et 1707, nous l'avons dit, comme Basson de la Grande Ecurie, à son parent Jacques-Jean Hotteterre, conserva cet emploi toute sa vie ; mais il y joignit encore la place de Flûte de la Chambre du roi, comme le dit un privilège de 1712. Cependant, ce n'est qu'en 1717 qu'il traita, moyennant 6000 livres, pour la survivance de cette place, avec le titulaire du moment, le célèbre René Pignon-Descôteaux (Arch. Nat., O 1 61). Son nom figurait donc à la fois parmi les musiciens de la Chambre et les Hautbois de la Grande Ecurie [1].

On a dû remarquer que nous donnions à notre musicien le seul prénom de Jacques, ainsi du reste qu'il est uniquement appelé dans toutes les pièces concernant sa carrière musicale que nous avons compulsées et qui sont assez nombreuses,

---

[1] En 1723, Descôteaux, âgé de soixante-dix neuf ans, cultivait les fleurs avec passion dans un petit jardin du Luxembourg qu'on lui avait concédé. Les tulipes avaient ses prédilections, et c'est amoureusement qu'il choisissait lui-même les noms à donner à ses nouvelles variétés. Non content d'avoir joué de la flûte comme pas un, tout « en perfectionnant la prononciation du chant suivant les règles de la grammaire », et d'être encore reconnu pour un des plus habiles fleuristes de son temps, il se piquait, avant tout, de philosophie. Musique et horticulture disparaissaient à ses yeux quand il avait l'heureuse occasion de parler de Descartes ou de vanter ses *Tourbillons*, dont il était très chaud partisan.

comme on a pu s'en convaincre. Cependant, les actes établissant ce qui nous reste à dire sur lui, le nommant Jacques-Martin, ne sauraient faire croire qu'il s'agit d'un autre individu. Ces actes, en effet, relatifs à la possession de diverses propriétés, l'obligeaient sans doute à y énoncer ses noms dans toute leur exactitude, c'est-à-dire tels qu'il les avait reçus au baptême; le nom de son père ajouté à celui de Jacques s'explique du reste très naturellement.

La femme de Hotteterre le Romain lui avait apporté en dot la propriété de partie d'un hôtel bâti rue du Puits, aujourd'hui rue Aubriot, qu'elle possédait par indivis avec son frère et qui leur venait de leur mère, fille de Louis Havis, contrôleur des rentes de l'Hôtel-de-Ville et femme du notaire Charpentier. Cette maison existe encore au numéro 10 de cette rue et a été récemment décrite dans le journal l'*Art*, par M. Adolphe Jullien, son propriétaire actuel[1]. Par suite de décès dans la famille et de rachats de parts successifs, le musicien Hotteterre, homme d'ordre et d'économie à ce qu'il paraît, dit l'historien de cet immeuble, arrivait à posséder la presque totalité de l'hôtel dont il rachetait encore le dernier douzième en 1732, à son beau-frère, Louis-Nicolas Charpentier.

Trois autres maisons complétaient la fortune immobilière des Hotteterre-Charpentier : l'une, rue de Harlay au Palais, paraissant provenir de l'héritage du père Martin Hotteterre, et les deux autres situées rue de Grenelle Saint-Germain et rue de Furcy, lesquelles, si elles ne venaient pas des parents de la femme, étaient sans doute le produit des économies du ménage.

Hotteterre et sa femme n'habitaient pas plus ces trois propriétés que l'hôtel de la rue du Puits ; ils les louaient à bail, comme leurs grand-père et père l'avaient fait pour cette dernière maison. Jacques le prouve, en indiquant ses diverses demeures dans ses œuvres ; on y voit qu'en 1707, il habitait rue Christine, chez M. Royer ; puis la rue Dauphine, au coin de la rue Contrescarpe, chez le commissaire Chaud, en 1712 jusqu'en 1723 au moins ; ensuite rue de Seine, hôtel d'Arras, et enfin rue du Four Saint-Germain, hôtel de la Guette. S'il habita sa propriété de la rue du Puits, ce ne dut être par conséquent que vers la fin de sa vie.

Les époux Hotteterre eurent plusieurs enfants, au moins trois fils, à notre connaissance, Antoine-Jacques et Jean-Baptiste, qui furent musiciens, et Jacques-Louis, avocat au Parlement. Ces deux derniers seuls survécurent à leur père.

Jacques Hotteterre le Romain mourut en 1760 ou 1761, car son nom ne paraît plus après cette dernière date sur les États de la maison du roi[1].

Il signait :

Voici le catalogue de ses œuvres :

Principes de la Flûte traversière ou Flûte d'Allemagne, de la Flûte à bec et du Hautbois. Œuvre Iʳᵉ (1707). Nombreuses éditions suivantes.

Premier Livre de Pièces pour la Flûte traversière. Dessus et basse. Œuvre II (1708).

Sonates en trio pour Flûte traversière et à bec, violon, hautbois, etc. Œuvre III (1712).

Première suite de Pièces à deux Flûtes. Œuvre IV (1712).

Deuxième livre de Pièces pour la Flûte et autres instruments. Œuvre V (1715).

Deuxième suite de Pièces à deux dessus, pour les Flûtes traversière, à bec, violes. etc. Œuvre VI (1717).

L'Art de préluder sur la Flûte, sur le Hautbois et autres instruments de dessus, etc. Œuvre VII (1719).

Troisième suite de Pièces à deux dessus pour les Flûtes traversières et à bec, Hautbois et Musettes. Œuvre VIII.

Concert du Rossignol. Œuvre IX.

Méthode pour la Musette, etc., etc. Œuvre X (1737).

Sonates à deux dessus, par le signor Roberto Valentine, op. quinta, accommodées à la Flûte traversière par Hotteterre le Romain (1721).

Sonates à deux dessus, par le signor Francisco Torelio, recueillies et accommodées au goût de la Flûte traversière par Hotteterre le Romain. Opera prima (1723).

Jacques Hotteterre arrangea encore pour la flûte des sonates de violon d'Abinoni; mais nous n'avons pas les titres de ces morceaux. Voyez aussi deux autres compositions, dont l'une pour la musette, est intitulée *la Guerre*, et qui figurent à la fin de la biographie de Jean V.

ASCENDANCES INCONNUES

JACQUES-JEAN

Cet artiste succéda le 21 janvier 1692, comme Basse de hautbois et Taille de violon, à Jean Ludet, qui venait de mourir. Le dernier *Etat de la France* dans lequel il est nommé est celui de 1705, tandis que dans le volume qui suit, soit celui de 1708, il est remplacé par Jacques Hotteterre le Romain.

Avait-il cessé de vivre, ou se serait-il simplement retiré à cette époque ?

Quant à ce qui concerne l'ascendance de Jacques-Jean et sa parenté avec les autres membres de la famille Hotteterre, nous sommes sans le moindre renseignement.

JEAN VI, ᴅɪᴛ LE JEUNE

Nous n'en savons pas plus sur Jean VI Hotteterre que sur Jacques-Jean. Son nom figure dans le registre du secrétariat de la maison du roi comme successeur, le 5 janvier 1710, de Jacques Marillet de Bonnefons, décédé le 12 novembre 1709 dans sa place de Saqueboute et Dessus de violon de la bande des Grands Hautbois. Il mourut en février 1720, peu de jours avant son parent Jean V, fils de Martin, et ce fut Jean Bernier qui lui succéda par brevet en date du 22 février 1720.

LES FILS DE JACQUES, dit LE ROMAIN

ANTOINE-JACQUES

Ce fils de Hotteterre le Romain obtint la survivance de son père comme Basson dans la bande des Hautbois du roi, en juin 1746, mais il mourut peu après et fut remplacé comme survivancier de cette place, le 7 juillet 1748, par son frère Jean-Baptiste.

JEAN-BAPTISTE

Nous venons de dire qu'à la mort de son frère, il devint, le 7 juillet 1748, survivancier de son père Jacques, en tant que Basson dans les Hautbois de la Grande Ecurie, mais avant, en 1747, il avait déjà obtenu la survivance de celui-ci comme Flûte de la Chambre du roi.

Nommé titulaire de ces deux places à la mort de Jacques, il paraît les avoir remplies jusqu'en 1770, année dans laquelle il mourut. Ce fut un des Jadin qui lui succéda comme Basson dans la bande des Hautbois[1].

anecdotique, assez curieux dans sa particularité. Jean-Baptiste Hotteterre laissait en mourant trois enfants : Elisabeth, Adélaïde et Jean-Baptiste II, tous les trois encore mineurs à la mort de leur grand'mère, la veuve de Hotteterre le Romain, arrivée en 1782. Ils héritaient de la moitié de la fortune, et leur oncle Jacques Louis de l'autre moitié. On les émancipa, et les propriétés furent vendues par licitation, en 1784. Mais, peu après la vente, Adélaïde et Elisabeth moururent. Cette dernière avait testé en faveur d'une demoiselle Moine qui, moyennant une rente viagère, abandonna tous ses droits à Jean-Baptiste II sur la succession de sa sœur. Celui-ci mourut lui-même en 1789, et ce fut son oncle, l'avocat Jacques-Louis, qui hérita de lui, et toucha, en 1791, en même temps que sa part personnelle dans les versements restant à effectuer sur les immeubles vendus, la part de ses nièces et de son neveu. De sorte qu'il eut, à lui seul, toute la fortune de son père et de sa mère, moins la rente viagère à payer à la demoiselle Moine.

[1] Ce qui suit ne touche en rien à l'histoire de la musique, mais n'en est pas moins, au point de vue

BRANCHE COLLATÉRALE

LES NEVEUX DE JEAN IV

PHILIPPE IER

Fils de Louis Hotteterre et de Marie Francard, et par conséquent neveu de Jean IV, Philippe naquit en 1681. Il se maria, en 1708, à Anet, où habitait sa mère, veuve depuis quelque temps, avec Anne Louise Narbonne, dont, à notre connaissance, il eut au moins huit enfants.

Philippe exerça la profession de tourneur

d'instruments de musique à Anet, qu'il ne quitta que vers 1725 pour venir se fixer à La Couture.

Comme nous l'avons vu, il hérita de son oncle, Jean IV, mort si tristement à Paris en 1732.

Philippe I, dont deux fils, Philippe II et Louis II, embrassèrent la même profession que lui, mourut en 1736. Trois de ses en-fants seulement lui survécurent : Philippe II, Louis II et Anne, femme Carrière, ainsi que le constate l'acte de partage de son héritage du 8 novembre 1749.

PHILIPPE II

Né en 1714, probablement à Anet, où son père Philippe Iᵉʳ habitait alors, il apprit l'état de tourneur et se maria deux fois. La première fois avec Marie Lot, d'une famille bien connue dans la lutherie, car presque tous ses membres se livraient, eux aussi, au tournage des instruments soit à Paris, soit à La Couture ; la seconde fois, avec Catherine Deschamps, dont les parents s'allièrent souvent avec les Hotteterre.

L'acte de son décès, dressé à La Couture, est ainsi rédigé : L'an 1773, le 17 février, a été inhumé le corps de Philippe Hautterre, tourneur de cette paroisse, âgé de cinquante-neuf ans.

LOUIS II

Il naquit en 1717 et fut sans doute instruit avec son frère dans l'art de tourneur d'instruments de musique par leur père Philippe Iᵉʳ Hotteterre. Sa vie se passa modestement dans l'exercice de cette profession à La Couture, où il avait épousé Marie-Anne Lot, sœur ou cousine de la première femme de son frère.

Très âgé et sentant sa fin prochaine, Louis céda et abandonna tous ses biens, meubles, effets mobiliers et immeubles à la réserve de l'usufruit sa vie durant, à Louis Croix, mari de sa nièce Marie-Catherine Hotteterre, fille de Philippe II. Louis Croix s'obligeait « à le nourrir, le gouverner et l'entretenir, tant sain que malade, jusqu'à son décès. » Le vieux tourneur ne jouit pas longtemps du repos qu'il s'était assuré par cette donation, faite le 7 germinal an X (28 mars 1801), car il mourut la même année, le 25 frimaire (16 décembre 1801), soit à l'âge de quatre-vingt-quatre ans.

MADEMOISELLE HOTTETERRE

Les Hotteterre, excessivement nombreux, on l'a vu, et se partageant en plusieurs branches, on comprendra qu'en compulsant cette énorme quantité d'actes qui nous sont passés sous les yeux, notre attention se soit exclusivement portée sur les seuls tourneurs d'instruments et musiciens que nous y rencontrions. Jacques-Gabriel-Jean Dhauteterre, conseiller du roi, lieutenant, premier juge civil et criminel ; Gabriel-Jean Hauteterre, avocat en 1752, gens fort honorables, sans aucun doute, ne pouvaient réellement pas nous intéresser beaucoup, car ces graves personnages, c'est certain, ne jouaient ni de la flûte, ni du basson, et encore moins du flageolet ou de la musette ! Qui sait cependant ?

Mais il n'en est pas de même d'une demoiselle Hotteterre, violoniste applaudie, et par conséquent sur les origines de laquelle nous aurions été heureux de nous édifier entièrement ; toutes nos recherches pourtant ont été vaines : c'est pourquoi, ignorant le pays d'où elle venait et de quelle branche de la famille de nos artistes elle descendait, nous ne pouvons que transcrire ici les extraits du *Mercure de France*, où il est parlé d'elle.

On lit donc dans le volume d'avril 1737 :

Le 7. Dimanche de la Passion, Concert Spirituel aux Thuileries, lequel a été continué pendant différens jours des trois semaines de Pâques jusques et y compris le dimanche de Quasimodo .. La Demoiselle Hotteterre, jeune personne nouvellement arrivée de Province, a exécuté plusieurs fois, sur le dessus de violon, différentes sonates de la composition du sieur Le Clair, avec toute l'intelligence, la vivacité et la précision imaginables.

Voici maintenant l'annonce qui se trouve dans le volume de décembre 1740 :

Le premier livre de Sonates à violon seul avec la Basse continue, dédiées à M. Le Clair, l'aîné, composées par mademoiselle de Hauteterre et gravées par son mari, vient d'être mis en vente chez l'auteur, rue du Four, faubourg Saint Germain, près la rue Princesse, à la Reine d'Espagne. On trouvera, à la fin de cet ouvrage, une recherche de traits d'archets pour les écoliers. Prix, 10 livres.

Puis dans le volume de janvier 1744 :

Second Concerto à cinq, quatre violons, orgue et violoncelle, dédié à Madame Adélaïde de France. Composé par mademoiselle de Hauteterre, œuvre second, gravé par son mari. Chez l'auteur, rue Saint-Honoré, à l'Image de Sainte-Geneviève, près la rue du Four. Prix, 6 livres.

Enfin, une dernière annonce, insérée dans le volume de décembre 1768, nous apprend le nom de son mari et la publication antérieure d'un *Premier* Recueil d'airs, puisqu'il s'agit ici du second.

Deuxième Recueil d'Airs choisis avec accompagnement de Harpe, par Madame Lévesque, ci-devant mademoiselle de Haulteterre. Prix, 7 livres 4 sols.

Les amateurs attendoient avec impatience ce deuxième Recueil, qui les flattera également pour le choix varié des airs et le bon goût des accompagnemens.

(Madame Lévesque Hotteterre joignit sans doute l'enseignement du chant à celui du violon ?)

OBTER

On trouvera peut-être que nos recherches ont révélé assez de faits nouveaux et positifs pour qu'il nous soit pardonné de terminer par un fort point d'interrogation, et cela au sujet d'un maître de clavecin dont les *Tablettes Royales* de Chantoiseau pour 1769 nous donnent l'adresse à Paris, rue du Jardinet, en l'appelant *Obter*.

Les Hotteterre d'autrefois variaient assez volontiers dans l'orthographe de leur nom, et leurs descendants d'aujourd'hui, car il en existe toujours dans les environs de La Couture-Boussey, en agissent encore de même à l'égard du nom de leurs ancêtres.

Il n'y aurait donc pas trop de fantaisie à se demander si le joueur de clavecin de la rue du Jardinet appelé Obter, ne fut pas le dernier rejeton musical de la grande famille Hotteterrienne ?

LES CHÉDEVILLE

NE fille de Nicolas Ier Hotteterre et d'Anne Mauger, nommée Anne Hotteterre, épousa Claude Coricon vers 1670, et, de cette union, naquit Anne Coricon, qui se maria à Anet, en 1691, avec Pierre Chédeville, de Serez. Les nouveaux époux, Chédeville-Coricon, allèrent d'abord habiter Oulins et s'y établirent marchands de fer et cultivateurs. Ils eurent de nombreux enfants, entre autres Pierre, en 1694, et Esprit-Philippe, en 1696; un troisième fils, du nom de Nicolas, qui, comme ceux-ci, devait se faire musicien, ne naquit qu'en 1705, à Serez, où ses parents s'étaient fixés quelques années avant cette date.

Ces trois fils Chédeville, doués des meilleures dispositions musicales, jouirent comme joueurs de Musette, parmi les artistes de leur temps, de la plus brillante réputation.

BIOGRAPHIES DES CHÉDEVILLE

PIERRE, DIT L'AÎNÉ

Né à Oulins en 1694, avons-nous dit, Pierre vint assez jeune à Paris, puisque nous le voyons faire partie, à l'âge de quinze ans, de l'orchestre du Grand chœur de l'Opéra. Il y entre en 1709, et est nommé sur les registres de ce théâtre à côté de son grand-oncle Colin Hotteterre, et de son frère Esprit-Philippe, de deux ans plus jeune que lui. Les noms des deux frères étaient liés par une accolade avec le chiffre de 400 livres en regard, ce qui donne à croire qu'ils se partageaient cette somme et en touchaient chacun la moitié. C'est comme joueurs de Musette qu'ils avaient été engagés à l'Académie Royale de Musique.

Une particularité semblant indiquer que les enfants Chédeville devaient être sous la direction de leurs deux grands-oncles Louis et Colin Hotteterre, c'est qu'ils sont enregistrés dans ces rôles de l'Opéra sous le nom de Hotteterre et non sous celui de Chédeville.

Le 22 janvier 1714, Louis Hotteterre passa la survivance de sa place de Hautbois chez le roi à son petit-neveu, Pierre Chédeville. Celui-ci remplaça son oncle qui venait de mourir, en 1720, mais lui-même étant mort peu après, en 1725, ce fut son frère, Esprit-Philippe, qui lui succéda dans la musique royale.

ESPRIT-PHILIPPE, DIT LE CADET, PUIS L'AÎNÉ

Placé sans doute, comme son frère, sous la tutelle d'un de leurs grands-oncles, sinon même des deux, Esprit-Philippe entra, en 1709, avec Pierre, à l'orchestre de l'Opéra, où on les appelait Hotteterre tous les deux. Né à Oulins, on s'en souvient, en 1696, il avait alors seulement treize ans.

Ce n'est qu'en 1723 que son cousin, Jean IV Hotteterre, lui céda la survivance de sa charge de Hautbois à la Cour; mais,

à la mort de son frère Pierre, en 1725, il transféra cette survivance à son jeune frère Nicolas, pour devenir Hautbois du roi en titre et succéder à son aîné. C'était, on le sait, la place qu'avait remplie leur grand-oncle, Louis Iᵉʳ Hotteterre. C'est aussi à partir de cette date qu'on ne l'appela plus que Chédeville l'Aîné.

Il se disait d'abord sur ses œuvres Hautbois du roi et Musette ordinaire de l'Académie Royale de Musique, tandis que plus tard, il s'intitulait seulement Musette de la Chambre du roi.

Les deux premières œuvres qu'il publia sont deux livres de *Symphonies pour la Musette*, qui conviennent aux Vielles, Flûtes et Hautbois ; ces morceaux parurent en 1730, et le premier est dédié au prince de Dombes. Vinrent ensuite pour les mêmes instruments des *Concerts champêtres en trio* et des *Sonates*, celles-ci dédiées au marquis de Montmirail, Capitaine-Colonel des Cent-Suisses ; des *Sonatilles galantes* et deux livres de *Duos galants*, dont l'un dédié à madame Du Fort ; des *Triolets* à quatre parties, des *Fêtes pastorales* en duo et de nouvelles *Sonates*.

Il obtint sa retraite à l'Opéra le Ier janvier 1736, avec 600 livres de pension ; mais ce n'est qu'après 1760 que nous ne voyons plus son nom cité parmi ceux des musiciens de la Cour. Avait-il alors sa vétérance ou était-il mort ?

On trouve des musettes portant le seul nom de Chédeville, sans aucune initiale ; cependant, si, comme nous l'avons sup-posé, la petite réclame concernant les bons tourneurs du moment, que Jacques Hotteterre glissa dans sa *Méthode de Musette*, s'adressait aux Chédeville, c'est qu'en effet les deux frères se livraient à la confection de l'instrument auquel ils devaient leurs succès comme virtuoses et dont ils passaient aussi pour les *feseurs* par excellence.

Esprit-Philippe signait :

Chedeville

Voici le catalogue de ses œuvres :

Ier livre de *Symphonies pour Musettes, Vielles*, etc.
IIe livre de *Symphonies pour Musettes, Vielles*, etc.
Concerts champêtres. Œuvre III, pour les mêmes instruments.
Sonates pour la Musette, etc. Œuvre IV.
Duos galants pour deux Musettes, etc. Œuvre V.
Sonatilles galantes pour Musettes, etc. Œuvre VI
IIe livre. *Duos galants pour Musettes*, etc. Œuvre VII.
Triolets en quatre parties. Œuvre VIII.
Fêtes pastorales. Duo Œuvre IX.
Sonates à Dessus et Basses. Œuvre X

NICOLAS, dit le Jeune, puis le Cadet

Le troisième fils Chédeville, né à Serez, en 1705, eut pour parrain son grand-oncle, Louis Hotteterre, de Paris, qui lui apprit sans doute la musique et l'art du tourneur d'instruments. Ce n'est, dans tous les cas, qu'en 1725 que nous le voyons entrer à l'Opéra, en qualité de Hautbois et Musette, avec 600 livres d'appointement, et rem-placer, le Ier novembre de la même année, son frère Esprit-Philippe dans la survivance de leur cousin Jean IV Hotteterre, comme Hautbois du roi. Il ne devint titulaire de cette charge qu'à la mort de ce dernier, arrivée si malheureusement en 1732, dans les tristes circonstances que nous connaissons.

AUX VIRTUOSES

SOIT AUX MESSIEURS ET AUX DAMES

LES DEFFIS ou L'ÉTUDE AMUSANTE

Pièces pour la Musette ou la Vielle

Par NICOLAS CHÉDEVILLE le Cadet

Nicolas se fit très promptement connaître, en tant que joueur de musette, sous le nom de Chédeville le Jeune qu'il changea en celui de Chédeville le Cadet, quand Esprit-Philippe prit le titre d'aîné.

Sa brillante exécution et ses compositions lui valurent les plus grands succès. Très recherché comme professeur, il comptait parmi ses élèves les plus titrés et les plus en évidence des gentilshommes et des dames de la Cour.

Son élève, mademoiselle de Beaujolais, princesse d'Orléans, à laquelle il se proposait de dédier le second livre de ses *Amusements Champêtres*, étant morte avant que l'impression fût terminée, il ne la nomma pas sur le titre de son œuvre et y fit seulement graver les armes de la princesse.

Choisi pour donner des leçons à madame Victoire de France, il s'empressa de célébrer une aussi flatteuse nomination par une composition de circonstance qu'il intitula *les Impromptus de Fontainebleau*, en l'accompagnant d'une dédicace bien sentie à sa royale élève :

Les noms que j'ay donnés à vos airs, y disait-il, rappellent le lieu où pour la première fois vous avez touché l'instrument auquel ils sont destinés. J'ay voulu par là consacrer l'époque de sa gloire et perpétuer un témoignage de mon profond respect, etc., etc.

Au dire de son maître, « les progrès si extraordinaires » que fit cette princesse, lui méritèrent la dédicace de nouvelles pièces qu'il avait composées pour sa récompense : *les Variations amusantes*.

Parmi ses autres élèves-dames, nous voyons madame Pâris de Montmartel, « prêtant beaucoup de grâces aux pièces de son maître »; la comtesse de Choiseul; mademoiselle Pâris de la Montagne; la comtesse de Lannion, « qui acquit en très peu de temps une perfection que le professeur n'avait point encore vue »; une madame Denis (peut-être la nièce de Voltaire ?); la marquise de Berville, etc., etc.

Nicolas se complaît, du reste, à citer ses élèves de distinction : S. A. S. le comte d'Eu ; le comte de Guines, jouant déjà très bien de plusieurs instruments; le duc d'Aumont, auquel le maître donna ses premières leçons de musette pendant la campagne du Rhin; le duc de la Trémouille; un monsieur Boucher (serait-ce le peintre ?) ; monsieur Watelet, etc., etc. [1].

Le grand joueur de musette à la mode avait donc une nombreuse clientèle à laquelle il fallait une musique spéciale, appropriée au caractère de son instrument. Aussi devint-il compositeur tant soit peu actif, et comme la Vielle commençait à contrebalancer le succès de la musette, il prit le soin d'arranger ses compositions à plusieurs fins : on pouvait les jouer sur la musette ou la vielle comme sur le hautbois et la flûte.

Étant donnée la nature des instruments pour lesquels Nicolas écrivait, ces morceaux étaient forcément courts, et chacune de ses

---

[1] Dans un recueil de pièces pour la Musette ou la Vielle, les *Deffis ou l'Etude amusante*, dédié « aux virtuoses, soit aux Messieurs et aux Dames » (voir la planche ci-contre), Chédeville donne encore ces noms d'amateurs auxquels il donnait des leçons : le comte de Baglion, M. de Belmont, M. Boutin, le comte de Brzostousky, le marquis de Cheffontaines, le comte de Clisson, M. de Cormainville, M. de Montereau, M. de la Moroux, M. Ricard, M. de Sainsi, M. de Sève, le marquis de Tenteniac, M. Tellès d'a Costa, M. de Valmenier, M. de Vaucresson, madame Deligny, madame de Mauriceau.

publications en renfermait un assez grand nombre. S'il ne variait pas beaucoup dans les titres qu'il leur donnait et pour lesquels il abusa du mot *amusant*, il prit le soin de les orner de dessins gravés dont quelques-uns laissent parfois à désirer, mais dans le nombre desquels il en est qui, pour nous servir de l'expression favorite du maître, sont vraiment amusants à regarder.

Comme nous l'avons dit à l'article d'Esprit-Philippe, les deux frères Chédeville tournaient bourdons et chalumeaux; d'après la clientèle que nous leur connaissons, il est certain que c'est de chez eux que sortaient les plus riches musettes, en velours ou en soie, et garnies de dentelles, de rubans, de galons d'or ou d'argent.

Nicolas Chédeville prit sa retraite à l'Opéra, avec 600 livres de pension, le 1ᵉʳ juillet 1748, mais à la condition qu'il viendrait y jouer de la musette chaque fois qu'on aurait besoin de lui. Son nom figure toujours, en 1777, en qualité de Basson, parmi les Hautbois de la Cour. L'*Almanach musical pour 1783* le cite encore, il est vrai, comme professeur de Musette, demeurant rue Coquillière, mais nous croyons qu'il mourut au commencement de cette année, sinon même en 1782

Il parut une *Méthode de Galoubet* sous le nom de Chédeville, sans que nous ayons pu nous renseigner sur celui des deux frères qui en fut l'auteur.

Nicolas signait :

Catalogue de ses œuvres :

Amusements champêtres à deux Musettes ou Vielles, etc. Livre Iᵉʳ.

Amusements champêtres pour Musettes, Vielles, flûtes, etc. Livre IIᵉ.

Amusements champêtres cont. six sonates pour Musettes, Vielles, etc. Livre IIIᵉ.

Les Danses amusantes. Œuvre IV.

Sonates amusantes. Œuvre V.

Les Galanteries amusantes à deux Musettes, Vielles, etc. Œuvre VIII.

Les Déffis ou l'Etude amusante pour la Musette ou la Vielle. Œuvre IX.

Les Idées françoises ou les Délices de Chambray, pour deux Musettes, Vielles, etc. Œuvre X.

Les Variations amusantes pour les Musettes, Vielles et pardessus de viole. etc. Œuvre XIV.

Nous ignorons les numéros des œuvres suivantes :

Les Impromptus de Fontainebleau pour Musettes, Vielles, etc.

Les Pantomimes Italiennes dansées à l'Académie Royale de Musique, etc.

Les Amusements de Bellonne, etc.

Nouveaux menuets champêtres, etc.

Nous connaissons un recueil de pièces pour Musettes et Vielles, sans titre, de 40 pages, dont le premier morceau est intitulé : *Les Fêtes de Cléopâtre;* c'est peut-être le titre de ce recueil.

———

Il y eut à l'Opéra, de 1746 à 1770, plusieurs demoiselles Chédeville ou Chefdeville, désignées tantôt comme *actrice des chœurs*, ou *actrice chantant dans les chœurs et doublant les rôles,* tantôt comme *danseuse figurante, doublant.* L'une d'elles, nommée Victoire, croyons-nous, s'attira le pauvre quatrain suivant dans le *Tableau des Théâtres,* de 1748 :

> Courage, belle Chédeville,
> Le public aime votre voix :
> Vous plairez sûrement à la Cour, à la Ville,
> Dès que vous êtes de son choix.

Nous n'avons rien trouvé donnant à penser que ces dames étaient parentes à un degré quelconque de nos artistes; aussi, ce nom de Chédeville n'étant pas absolument rare en Normandie, nous abstiendrons-nous de toute supposition à l'égard des liens de famille qui pourraient avoir existé entre ces chanteuses ou ces danseuses de l'Opéra et nos joueurs de musette.

TABLE DES MATIÈRES

OUVRAGES DU MÊME AUTEUR

QUI SE TROUVENT A LA MÊME LIBRAIRIE

LA MUSIQUE A PARIS. (En collaboration avec M. Albert de Lasalle.) — Paris, Morizot, 1863, in-18.

LES ORIGINES DE LA CHAPELLE-MUSIQUE DES SOUVERAINS DE FRANCE. — Paris, A. Claudin, 1864, pet. in-18.

LA DÉPLORATION de Guillaume Cretin sur le trépas de JEAN OKEGHEM, musicien, premier chapelain du roi de France, trésorier de Saint-Martin de Tours, remise au jour, précédée d'une introduction biographique et annotée. — Paris, A. Claudin, 1864, in-8°.

MAUGARS, célèbre joueur de viole, musicien du cardinal de Richelieu, conseiller, secrétaire, interprète du Roi en langue anglaise, traducteur de F. Bacon, prieur de Saint-Pierre Eynac ; sa biographie suivie de sa RESPONSE FAITE A UN CURIEUX SUR LE SENTIMENT DE LA MUSIQUE D'ITALIE. — Paris, A. Claudin, 1865, in-8, carré.

ANTOINE DE COUSU et les singulières destinées de son livre rarissime : LA MUSIQUE UNIVERSELLE. — Paris, A. Claudin, 1866, in-12.

CURIOSITÉS MUSICALES et autres trouvées dans les œuvres de MICHEL COYSSARD de la Compagnie de Jésus. — Paris, A. Claudin, 1866, in-12.

UN BISAIEUL DE MOLIÈRE, Recherches sur les MAZUEL, musiciens des XVIᵉ et XVIIᵉ siècles, alliés de la famille POQUELIN. — Paris, A. Claudin, 1878, in-12.

LOUIS CONSTANTIN, ROI DES VIOLONS (1624-1657). Notice biographique avec un fac-similé de brevet de Maître joueur d'instruments de la Ville de Paris. — Paris, J. Baur, 1878, in-4.

LES ORIGINES DE L'OPÉRA FRANÇAIS, d'après les minutes des Notaires, les registres de la Conciergerie et les documents originaux conservés aux Archives Nationales, à la Comédie-Française et dans diverses collections publiques et particulières. (En collaboration avec M. Ch. Nuitter). — Paris, E. Plon, Nourrit et Cᵉ, 1886, in-8°. (LXXII et 340 pages.)

LES RELIEURS FRANÇAIS (1500-1800). Biographie critique et anecdotique précédée de l'Histoire de la Communauté des Relieurs et Doreurs de livres de la Ville de Paris et d'une Étude sur les styles de Reliure. — Paris, Em. Paul, L. Huard et Guillemin, 1893, grand in-8°. (VII et 416 pages.)

RÉIMPRESSIONS

L'ENTRETIEN DES MUSICIENS PAR LE SIEUR GANTEZ, maître de chapelle à Marseille, Aix, Arles, Avignon, Grenoble, Aigues-Mortes, Toulouse, Montauban, Aurillac, La Châtre, Le Havre, Paris et Auxerre, publié d'après l'édition rarissime d'Auxerre, 1643, avec préface, notes et éclaircissements, par Ern. Thoinan.— Paris, A. Claudin, in-12, 1878. (XXI et 269 pages.)

DIDEROT. — LE NEVEU DE RAMEAU. Satyre publiée pour la première fois sur le Manuscrit original autographe, avec une introduction et des notes par Georges Monval ; accompagnée d'une notice sur les premières éditions de l'ouvrage et de la Vie de Jean-François Rameau, par Er. Thoinan. — Paris, E. Plon, Nourrit et Cᵉ, 1891, in-16. (Bib. Elzévirienne). (XXXII et 232 pages.)

PARIS. — IMPRIMERIE DE CH. NOBLET ET FILS

13, RUE CUJAS, 13